GW01466043

Vivere Meglio

Rosanna Lambertucci

LA NUOVA DIETA 4 PIÙ 1 - 4 PIÙ 1

Per dimagrire, per rigenerare, per depurare

Con le ricette di Fabio Campoli

MONDADORI

Della stessa autrice
in edizione Mondadori:

Il viaggio dimagrante
Le diete della salute
Dimagrire con i perché
La dieta che ti cambia la vita
La dieta per vivere 100 anni

Con la collaborazione di Luana Trumino
Progetto grafico copia&incolla

librimondadori.it
anobii.com

La nuova dieta 4 più 1 - 4 più 1
di Rosanna Lambertucci
Collezione Vivere Meglio

ISBN 978-88-04-70001-2

© 2018 Mondadori Libri S.p.A., Milano
Published by arrangement with Delia Agenzia Letteraria
I edizione agosto 2018

Anno 2018 - Ristampa 2 3 4 5 6 7

INDICE

La nuova dieta 4 più 1 - 4 più 1

*Per chi come me crede
che cambiare sia possibile*

UN NUOVO VIAGGIO INSIEME

Diversi anni fa pubblicai per Mondadori un libro dal titolo *Il viaggio dimagrante*, un nuovo modo per perdere peso in 6 settimane + 1. L'idea era nata da un fortunatissimo esperimento sul web, dove le lettrici del mio sito erano state messe in contatto tra di loro per seguire insieme su un forum il racconto di come poco tempo prima fossi riuscita a perdere cinque chili di troppo, che sembravano "radicati" e inamovibili, attraverso un regime dietetico molto valido che avevo deciso di condividere.

Ma perché l'ho chiamato "viaggio"? Perché, come ho avuto modo di spiegare, dimagrire è un po' come un percorso: si comincia a pensare di muoversi, si studia un itinerario, quindi si decide di partire. Una volta intrapreso il viaggio, però, si deve necessariamente arrivare sino alla fine, perché in caso contrario si sono sprecati soldi ed energia inutilmente. Dimagrire è quindi, secondo me, un cammino che una volta iniziato va seguito sino in fondo, altrimenti ci lascia l'amaro in bocca.

Be', questo viaggio è stato fatto da oltre 200.000 persone, con ottimi risultati, al punto di diventare un libro di successo che alcuni anni dopo è stato pubblicato in versione aggiornata con il titolo *La dieta che ti cambia la vita*. Perché se c'è una scienza che sta conducendo studi e si sta evolvendo è sicuramente quella dell'alimentazione. Anno dopo anno ne sappiamo sempre di più sugli effetti che gli alimenti che portiamo in tavola hanno sulla nostra salute e diventa indispensabile, quindi, stare al passo con i tempi.

Stare al passo con i tempi è anche uno dei motivi che mi hanno spinto a scrivere questo nuovo libro. Negli ultimi anni è cambiato il modo di dialogare, sono cambiate anche le esigenze. Dai siti web e dai forum si è passati ai social media che, se usati con intelligenza, rappresentano uno strumento molto valido per accorciare le distanze tra le persone e un aiuto concreto per tutti coloro che hanno bisogno di consigli nel campo del benessere.

Siete stati voi stessi, un esercito di oltre 100.000 amiche e amici che mi seguono fedelmente sui miei profili social, a chiedermelo! Molto ricorrente è, infatti, la domanda: "Mi sento gonfia, mi sento intossicata, mi sento stanca. Cosa posso fare?". Questi interrogativi mi hanno fatto capire che oggi un'esigenza prioritaria, oltre a dimagrire, è quella di **DEPURARE**. Un po' come se ci si sentisse in qualche modo "inquinati" sempre da qualcosa che dobbiamo pulire, eliminare. Credo che un numero così elevato di persone che avvertono lo stesso bisogno sia un segnale da non sottovalutare.

Ma c'è anche un'altra ragione, la quale deriva da una evoluzione culturale ed emotiva che ho potuto verificare su me stessa: oggi avvertiamo forte anche il bisogno di **DEPURARCI MENTALMENTE**, di eliminare tutte le tensioni, le notizie negative e le difficoltà obiettive che viviamo in quest'epoca e che hanno creato incertezze, disagi emotivi, "paure" che ci danno la sensazione di sentirci intossicati da qualcosa.

Il terzo motivo è che, come sempre quando devo ideare un lavoro, che sia editoriale come un libro, un programma televisivo oppure un'iniziativa culturale, cerco di mettermi nei panni degli altri e finisco per ritornare alle mie origini, a quella guida che non mi ha mai tradito: la semplicità del rapporto con le cose genuine che solo la terra può dare.

Che cosa intendo dire? La natura, la campagna, la vegetazione, i prodotti appena raccolti, le piante e le erbe benefiche che ci divertiamo a cercare nei prati... tutto questo, alla fine, è un modo per **DISINTOSSICARE L'ANIMA E IL CORPO**. L'anima, sì, perché il contatto con la natura ci rigenera nel vero senso della parola. L'aspetto emotivo, in un periodo di depurazione, conta moltissimo: così presi dai ritmi quotidiani e dai problemi, concentriamo nella nostra testa troppi pensieri, troppi ragionamenti. L'eccesso di pensieri induce il nostro organo più importante, il cervello, a rilasciare sostanze che ci spingono a mangiare sempre di più e, magari, a preferire proprio quegli alimenti che possono risultare non salutari per il nostro organismo. Il contatto con la natura può, quindi, venirci in aiuto non solo dal punto di vista alimentare: fare una passeggiata all'aria aperta, accudire le piante e i fiori del nostro terrazzo significa assorbire anche tutta l'energia pulita delle piante, un'energia che niente ha a che vedere con lo stress e gli impegni. È una energia depurativa, che ci libera e ci connette con la parte più profonda di noi stessi.

I prodotti della terra, che stagionalmente possiamo trovare nei mercati, sono anche un valido aiuto dal punto di vista della **PULIZIA** vera e propria del **NOSTRO ORGANISMO**.

Accanto a una dieta che permetta di raggiungere un sano peso corporeo, condizione importantissima – come dimostrano tutti i più autorevoli studi scientifici – per garantirci una maggiore longevità, ho pensato che un periodo di depurazione profonda non potesse che risultare un aiuto importante sia dal punto di vista della salute in sé che dei nostri comportamenti. Perché niente mi toglie dalla mente che l'aggressività, la violenza, l'intolleranza, l'esasperazione di alcuni atteggiamenti che caratterizzano questa nostra epoca siano in qualche modo legati a un cattivo rapporto con i pasti e a cattive abitudini alimentari. A dirlo non sono io, ma gli scienziati di tutto il mondo. Oggi si è potuto dimostrare quell'asse, quel legame che unisce l'intestino al cervello. Ne sappiamo sempre di più anche sul microbiota, un vero e proprio organo che vive nel nostro intestino. A pronunciare la parola, sembra quasi un nemico del nostro organismo, ma in realtà, come vedremo più avanti, è quello che determina in larga parte la nostra salute!

Io, che ho imparato a convivere con questi due cervelli, ho pensato con questo nuovo lavoro di poter dare un supporto alla salute estremamente utile per cercare di dimagrire non solo perdendo peso, ma di riscoprire la possibilità di vivere in modo migliore anche dal punto di vista del rapporto con gli altri e con la natura.

In questo percorso mi sono fatta accompagnare dal dottor Corrado Pierantoni che, oltre a essere un serio dietologo e nutrizionista clinico, è anche endocrinologo e conosce a fondo i meandri su cui deve essere informata una persona che adotta un regime alimentare finalizzato a perdere peso.

Questo mio nuovo viaggio dimagrante vegetariano contiene una dieta mensile divisa in tre fasi di dieci giorni ciascuna. Ogni fase segue il metodo 4 più 1 - 4 più 1, ossia quattro giorni ovo-latto-vegetariani seguiti da un giorno vegano, ed è studiata per **SGONFIARE, DEPURARE** e **RIGENERARE PROFONDAMENTE**. Non prevede, quindi, l'assunzione di carne e pesce, che dagli onnivori potranno essere reintrodotti gradualmente al termine del percorso.

La divisione in tre fasi permette di concludere il metodo completo di trenta giorni oppure di seguire solo i primi dieci, che sono caratterizzati da un regime alimentare più restrittivo. Si tratta di uno stile alimentare depurante e drenante che, allo stesso tempo, regala una sensazione di **LEGGEREZZA**, migliorando la funzionalità del fegato, la digestione dei cibi e il loro assorbimento, al fine di ottenere anche un miglioramento generale delle capacità intestinali. Obiettivo importantissimo, perché spesso chi ha bisogno di depurarsi segue per un certo periodo un regime alimentare basato essenzialmente su vegetali, ma poi si ritrova con la pancia gonfia: una condizione sperimentata da molte persone, che nasce spesso da una scorretta combinazione degli alimenti. La dieta studiata dal dottor Pierantoni, come vedremo, dà delle indicazioni utili per evitare questo fastidioso problema.

Dopo il primo modulo, i cibi verranno reinseriti gradualmente: questo ci permetterà di capire come reagisce l'organismo – e l'intestino in particolare – a un determinato alimento, regalandoci le basi per costruire una vera e propria dieta personalizzata, dove dieta assume il suo significato originario di "stile di vita" alimentare.

Più siamo consapevoli di come il nostro corpo reagisce dopo l'assunzione di un determinato alimento, e dunque di che cosa ha bisogno, maggiore è la possibilità di spostare la validità della pratica anche in cucina. Riflettiamoci: in un mondo di chef stellati che riempiono i media e i ristoranti, le cucine si sono svuotate. È sempre più diffusa l'abitudine di mangiare quello che capita, purché sia in piedi, senza complicazioni, senza impegno... Alleniamoci a tornare ai fornelli!

Per questo ho coinvolto colui che è diventato anche un grande amico, uno chef che mi accompagna in una trasmissione di successo in onda sul canale televisivo Alice dal titolo *La salute vien mangiando*, Fabio Campoli. Il ricettario che troverete nel capitolo 7 del libro è stato realizzato dalla sua esclusiva e sapiente capacità di coniugare il gusto con le corrette combinazioni alimentari consigliate nella dieta e gli straordinari metodi di cottura, che ci aprono un mondo veramente affascinante. È uno chef che ha saputo realmente interpretare il concetto che la salute viene mangiando, giorno dopo giorno. **MANGIARE CON CONSAPEVOLEZZA** quello che ci fa bene e preparare le pietanze con le nostre mani sono una preziosa opportunità per sentirci meglio e raggiungere un appagante senso di sazietà e gratificazione.

ATTIVITÀ FISICA DURANTE LA DIETA, SÌ O NO?

Naturalmente sì! Chi mi segue sa che sono una grande sostenitrice dell'attività motoria. Faccio sport in pratica da sempre: uno sport leggero e accessibile, ovviamente. Per questo anche le amiche che seguono i miei video sui social sono contente: perché quello che faccio io lo può fare chiunque.

Una camminata a passo sostenuto all'aria aperta, una sana pedalata in bicicletta o sulla cyclette, semplici esercizi con i pesetti o con gli elastici sono buone pratiche a cui non dovremmo rinunciare mai, in particolar modo se sono eseguite all'aria aperta. Prima di tutto perché l'attività fisica **AIUTA IL METABOLISMO**. In secondo luogo, quando ci si muove, oltre a rimettere in moto tutte le articolazioni, si stimola la serotonina, una sostanza benefica per il cervello. Anche la pancia e l'appetito vengono "mossi" dal cervello, e con un equilibrio psicologico ottimale è più facile portare a termine una dieta. Senza contare che i risultati, in termini di rimodellamento della silhouette, sicuramente più concreti con un'adeguata attività fisica, influiscono molto sull'autostima! Scegliete la disciplina che sentite di più nelle vostre corde, ma non rinunciatevi per pigrizia.

Un'ottima attività, per cominciare, è la camminata a passo svelto, considerato l'esercizio più popolare tra gli adulti. È libera, non richiede un allenamento speciale e può essere praticata quasi ovunque. Anche brevi, ma regolari camminate portano benefici sostanziali per la salute. Il segreto, come in tutte le cose, è la gradualità. Quindi cominciate a fare attività prima per 10 minuti per qualche giorno, poi per 20, per 30 minuti e così via. Ma procedete a passo spedito. Gli studi dimostrano che i benefici sono maggiori quando il ritmo del passo è veloce.

Tra l'altro, pare che lo sport migliori la vita anche se si comincia a praticarlo dopo i sessant'anni.

Capitolo 2

IL METODO
4 PIÙ 1 - 4 PIÙ 1

A CURA DEL DOTTOR
CORRADO PIERANTONI

Il viaggio dimagrante vegetariano contiene una dieta ovo-latto-vegetariana adatta anche a coloro che non assumono carne e pesce. Negli ultimi anni, con il progressivo aumento della popolazione mondiale e il continuo sfruttamento delle risorse della terra, si stanno valorizzando modelli di alimentazione più sostenibili nel tempo, che abbiano cioè un basso impatto ambientale. Da questi presupposti sono nate le diete che evitano in parte gli alimenti di origine animale. Ma l'utilizzo di questi modelli di alimentazione nasce anche da ragioni scientifiche e di salute: nonostante manchi ancora una robusta letteratura sostenuta da ampi studi controllati randomizzati presenti per esempio per la dieta mediterranea, i dati già oggi a disposizione indicano che la dieta vegetariana può essere responsabile di un buono stato di salute nelle persone adulte e ha un'azione protettiva nei confronti delle malattie cardiovascolari, di alcuni tipi di tumore (in particolare del colon, del tratto gastroenterico e delle vie respiratorie), e sia associata a una riduzione della mortalità per tutte le cause.

Gli effetti positivi sulle patologie metaboliche e cardiovascolari potrebbero derivare da un aumentato introito di agenti antiossidanti e di fibre che caratterizzano l'alimentazione ricca di verdura e frutta fresche. A condizione, però, di scegliere e COMBINARE opportunamente GLI ALIMENTI. Le diete prive di carne e pesce, infatti, se non applicate correttamente, possono essere associate al rischio di carenze nutrizionali, in particolare di vitamina B12 e ferro, e in minor modo di vitamina D, acidi grassi omega-3, calcio, zinco e altri oligoelementi.

Naturalmente, uno degli obiettivi principali della dieta sarà il dimagrimento. Le persone che vogliono depurarsi eliminando dalla dieta le proteine animali o chi, per questioni etiche o motivi di salute, segue un'alimentazione che esclude totalmente carne e pesce, sa bene quanto sia difficile dimagrire. Il rischio che si corre, infatti, è quello di seguire un'alimentazione basata essenzialmente sul consumo di carboidrati (pasta soprattutto, ma anche cereali, pane, pizza, cracker...) a discapito delle proteine, sostanze molto importanti per il nostro organismo, perché partecipano alla costituzione del muscolo. Uno sbilanciamento tra carboidrati e proteine può portare allo sviluppo di una vera e propria patologia, la sarcopenia, che, come esprime l'etimologia della parola, vuol dire "perdita di massa muscolare". Questa perdita di massa muscolare, che comunque si verifica inesorabilmente con il passare degli anni, può condurre le persone a cambiamenti nella loro costituzione fisica: le fibre perdono tonicità, il corpo appare debole e il grasso si accumula, specialmente nella zona addominale e sui fianchi.

La dieta depurativa si basa sull'assunzione di pasta, pane, cereali, legumi, verdura, frutta e non prevede, come già accennato, l'assunzione di carne e pesce. La RESTRIZIONE PROTEICA ha lo scopo di alleggerire il lavoro degli organi deputati alla digestione (fegato e intestino) e di riattivare le funzioni cellulari grazie all'eliminazione di queste due categorie di cibi altamente acidogeni. Un aspetto molto importante, quest'ultimo, perché se la matrice extracellulare si trova in acidosi per un ristagno di tossine acide i soluti in essa disciolti sono più concentrati. Tale condizione impedisce la fuoriuscita di certe sostanze, fra cui acidi grassi, dalle cellule adipose. Al contrario, quando la matrice extracellulare si idrata attraverso i vegetali ricchi di preziosa acqua biologica alcalinizzante, gli acidi grassi e le tossine fuoriescono dalle cellule per osmosi, così le cellule adipose diminuiscono di dimensione, cioè si disintossicano. Da qui il dimagrimento "depurativo".

QUALI PROTEINE?

La quota proteica è comunque assicurata da alcuni prodotti vegetali proteici come il tofu, ma soprattutto dalle uova e dai latticini.

UOVA: ALLEATE DELLA SALUTE

Può sembrare strano il fatto di trovare uova più volte alla settimana in una dieta. Demonizzate per lungo tempo a causa del loro
contenuto di colesterolo, in realtà hanno il tuorlo ricco di colesterolo, ma **CONTENGONO ANCHE LECITINA**, una sostanza che ne
ostacola il deposito sulle pareti delle arterie. La lecitina, tuttavia,
è termolabile, cioè si distrugge con la cottura. Ecco perché è preferibile cucinare le uova per breve tempo, magari solo per qualche
minuto in padella o sotto forma di frittata morbida. L'uovo sodo,
per esempio, non ha più o ha una minima quantità di lecitina.

L'uovo, grazie alla presenza di due aminoacidi, chiamati me-
tionina e colina, e di inositolo (che contrasta il cosiddetto fegato
"grasso" o steatosico), si può considerare **UN ALIMENTO EPATO-
PROTETTORE**: preserva quindi la funzionalità del fegato.

Non è vero, quindi, che le uova fanno male al fegato come a
lungo si è pensato. L'origine di questo falso mito è che, in soggetti con calcoli alla colecisti, l'assunzione di cibi grassi (e l'uovo è
uno di questi), rappresentando uno stimolo alla contrazione di
questo organo, potrebbe indurre l'insorgenza di coliche biliari. In
linea generale, il perfetto equilibrio di grassi, proteine e zuccheri
dell'uovo è tale da non aggravare nessuna funzione organica, ma
a condizione di consumarlo intero.

I BENEFICI DEI LATTICINI

Anche i latticini sono sempre presenti per tutta la durata della
dieta. Il loro consumo migliora l'apporto proteico specialmente in
una dieta vegetariana; assicura il necessario quantitativo di calcio
(estremamente difficile da raggiungere se si eliminano i prodotti
lattiero-caseari); fornisce una significativa dose di zinco, renden-
dolo anche più biodisponibile. È bene ricordare, oltretutto, che le

proteine contenute nei prodotti lattiero-caseari hanno una migliore qualità rispetto a quelle contenute negli alimenti vegetali, comprese quelle ottenute combinando cereali e legumi. Non solo: per raggiungere lo stesso potere di sintesi proteica dei latticini occorrerebbe portare in tavola quantità abnormi di legumi e cereali.

LATTE E FORMAGGI FONTE DI VITAMINE DEL GRUPPO B Come detto, l'esclusione dalla dieta di prodotti animali si ripercuote anche sull'assunzione di alcune delle vitamine del gruppo B. In questo caso si ha un apporto problematico di vitamina B2 e non si arriva a raggiungere i livelli consigliati di vitamina B12 se non ricorrendo a integratori o alimenti fortificati. Questo deficit comporta spesso un'elevata concentrazione di omocisteina, che è un indicatore importante di rischio cardiovascolare. Il consumo di latticini previsto nella dieta, invece, garantisce il fabbisogno di molte vitamine del gruppo B, evitando di dover ricorrere ad alimenti fortificati o a integratori alimentari per assicurarsi tutti i nutrienti di cui l'organismo ha bisogno.

GLI ALIMENTI DELATTOSATI Eppure – mi capita spesso di riscontrarlo – molte persone non consumano latte per **PAURA DELL'INTOLLERANZA** al lattosio. Questo atteggiamento è sbagliato e può essere rischioso, visto che un consumo adeguato di prodotti lattiero-caseari è correlato con importanti benefici per la salute. È bene dire che gli adulti che hanno difficoltà nell'assorbimento del lattosio non hanno bisogno quasi mai di eliminare il latte dalla dieta. Per migliorarla, meglio scegliere i prodotti delattosati, che mantengono gli stessi nutrienti del latte ma hanno contenuto di lattosio praticamente pari a zero.

Ma che cos'è il lattosio? È un disaccaride, cioè uno zucchero, costituito da una molecola di glucosio legata a una di galattosio. Non viene digerito da tutte le persone che con la crescita perdono l'enzima lattasi, il quale ne permette la scissione.

Gli alimenti delattosati, che possono essere assunti sia dalle persone intolleranti al lattosio sia da chi avverte solo difficoltà a digerirlo, si riconoscono facilmente perché sulla confezione viene riportato il simbolo HD, acronimo inglese di *High Digestible*, ossia "ad alta digeribilità". Il sapore è identico a quello degli stessi alimenti che contengono lattosio.

ALLEATI DEGLI SPORTIVI Questa strategia consente il consumo di latticini, che non andrebbero mai eliminati da una dieta anche perché rappresentano ottime fonti proteiche per chi svolge attività fisica, per gli sportivi o per tutti coloro che, trascorrendo molte ore fuori casa, hanno bisogno di energia. Consumare proteine dopo l'esercizio fisico è la strategia più efficace per avere **MUSCOLI SANI E TONICI**, come rivela uno studio pubblicato sul "Current Opinion in Clinical Nutrition and Metabolic Care". E le proteine del latte si sono rivelate più efficaci dei carboidrati o dei supplementi di soia nel supportare gli aumenti della massa magra indotti da un allenamento della forza.

Ma non solo: sono anche le più indicate per contrastare la riduzione della massa muscolare, e di conseguenza anche della forza, che avviene con il progredire dell'età e che riguarda il 30% delle persone di 60 anni e oltre. Le proteine del latte sono le migliori nel favorire la **SINTESI PROTEICA** muscolare per due ragioni: da un lato sono facilmente digeribili e sono assorbite in misura elevata dall'organismo, dall'altro la loro composizione in aminoacidi è ottimale per supportare la sintesi proteica. Una buona notizia anche per quanti vogliono continuare a praticare attività fisica pur seguendo un regime alimentare controllato ovo-latto-vegetariano.

AMICI DELL'INTESTINO A beneficiare dell'assunzione dei latticini è anche l'intestino. Uno studio dell'INRAN (Istituto nazionale di ricerca per gli alimenti e la nutrizione) condotto nel 2012 e pubblicato sul prestigioso "Journal of Nutritional Biochemistry" ha dimostrato per la prima volta che la carenza di zinco può indebolire l'intestino e renderlo più sensibile alle infiammazioni. Lo zinco è un micronutriente essenziale importante per l'efficienza del sistema immunitario, lo sviluppo del sistema nervoso e l'integrità della pelle. Bisogna aggiungere che lo zinco fornito da latte, yogurt, burro e formaggi è anche facilmente e immediatamente utilizzabile dal nostro organismo. Infatti, essendo di origine animale, è più biodisponibile rispetto a quello contenuto in alcuni alimenti di origine vegetale.

IMPORTANTI PER LE DONNE Le donne soprattutto, infine, non dovrebbero mai farne a meno, in nessuna fase della vita, perché il calcio contenuto nei latticini ha un ruolo centrale a ogni età e soprattutto dopo i 40 anni, quando un'inadeguata assunzione di calcio potrebbe contribuire a una perdita accelerata di tessuto osseo e allo sviluppo dell'osteoporosi.

Latte, yogurt, formaggi freschi e stagionati rappresentano la principale fonte di **CALCIO** alimentare e sono gli alimenti in cui questo minerale è presente nella forma più biodisponibile, grazie al favorevole rapporto tra calcio e fosforo: il latte vaccino contiene 120 milligrammi di calcio, lo yogurt 125 milligrammi, i formaggi freschi circa 440 milligrammi e quelli stagionati 1260 milligrammi (valori medi per 100 grammi).

ALLEGGERIAMO IL FEGATO

Con il termine "depurazione" si intende l'insieme delle reazioni biochimiche che permettono all'organismo di **SMALTIRE LE TOSSINE ACCUMULATE** dall'esterno o prodotte dall'organismo stesso. L'organo centrale deputato al raggiungimento di questo scopo è il fegato, una ghiandola molto complessa e delicata che costringiamo a sforzi immensi per via dello stile di vita che adottiamo: dalla qualità e quantità degli alimenti che ingeriamo alle numerose tossine a cui siamo esposti. È un organo spesso trascurato, del quale ci preoccupiamo raramente. A torto, perché il fegato ha un ruolo centrale nel metabolismo dei carboidrati, delle proteine e dei lipidi e trasforma numerose tossine introdotte nell'organismo e i prodotti di scarto del metabolismo in modo da poterli eliminare attraverso l'intestino.

Questo suo ruolo interviene anche nel **DIMAGRIMENTO**. Per dimagrire, infatti, occorre "scaricare" il fegato dal glicogeno e dai grassi accumulati all'interno delle cellule epatiche ed evitare il picco glicemico dopo ogni pasto, così da tenere sotto controllo anche la secrezione di insulina, l'ormone dell'accumulo di peso e grasso corporeo. Come fare? Basta ridurre i cibi ricchi di acidi grassi saturi di origine animale e alcuni alimenti – come pane, pasta, pizza, dolci... – e seguire un regime alimentare che prevede una corretta assunzione di **ACIDI GRASSI INSATURI** omega-3 naturali. Queste preziose sostanze benefiche sono contenute nei cereali integrali, nei semi oleosi, nei legumi (da prediligere lenticchie e ceci), nell'olio extravergine di oliva, nell'olio di lino crudo estratto a freddo e in altri alimenti vegetali (ortaggi freschi).

UNO SGUARDO ALL'INTESTINO

Soprattutto nella prima fase della dieta, ci saranno alcuni accorgimenti da seguire scrupolosamente: per esempio, consumare alcuni tipi di verdura e i legumi solo passati con il passaverdura. Queste due categorie di cibi hanno un denominatore comune: l'abbondanza di fibre, sotto forma di filamenti. E sono proprio questi filamenti che, molto spesso, danno quella sensazione di gonfiore e meteorismo che molte persone accusano dopo averli ingeriti.

Depurare significa anche eliminare tutte quelle cause che non ci fanno stare bene dopo aver mangiato. Significa alzarci da tavola con una sensazione di leggerezza, riuscire a tenere chiuso il bottone dei pantaloni anche dopo un pasto completo. E, infine, agevolare una corretta digestione. Per questo motivo, per esempio, verrà consigliato di consumare il pane sempre tostato: questo procedimento sposta l'umidità verso l'esterno e serve a rendere più digeribile l'amido (per inattivazione del lievito). Oltretutto, abbassa anche l'indice glicemico dell'alimento.

Un altro dei benefici del viaggio dimagrante vegetariano, come vedremo più avanti nel capitolo dedicato ai superfood, sarà quello di garantire la corretta funzionalità di un organo molto importante presente nel nostro intestino: il **MICROBIOTA**, ossia tutta quella popolazione di batteri buoni e cattivi con cui condividiamo il pasto e di cui dobbiamo avere una grande considerazione, poiché hanno effetti potenti sulla nostra salute e sulla gestione del peso corporeo.

Alcuni di questi batteri ci possono nuocere, ma la maggior parte è benefica e vive in armonia con il nostro corpo. I microbi non sono geneticamente parte di noi, ma soltanto compagni di viaggio di cui possiamo prenderci cura per incoraggiare la crescita di quelli buoni e scoraggiare lo sviluppo di quelli cattivi.

L'intestino ospita fino a 40.000 miliardi di cellule microbiche e fino a 1000 specie diverse di microbi. Questi vivono su di noi, dentro di noi, in ogni punto del corpo che abbia un contatto con il mondo esterno: la pelle, la bocca, le vie respiratorie, l'apparato genito-urinario; tuttavia, di tutti quelli presenti nel corpo, il microbiota dell'intestino è di gran lunga il più variegato, complesso e fisiologicamente importante.

Per quanto possa sembrare sgradevole pensare che il nostro corpo sia pieno di batteri, è assodato che viviamo in simbiosi con loro. Negli ultimi anni, il microbiota intestinale è stato oggetto di numerosi studi. Le ricerche scientifiche ci hanno permesso di scoprire, per esempio, che questo organo produce gli **ENZIMI DIGESTIVI** di cui l'organismo ha bisogno; produce, inoltre, vitamine essenziali che il corpo non può prodursi da solo, come la vitamina K e le vitamine B12, B9 e B2.

Sappiamo, in sintesi, che determina lo stato di salute generale di tutto il nostro organismo. Il microbiota, infatti, non vive isolato all'interno dell'intestino, ma dialoga con il resto del corpo: con il tessuto adiposo, il fegato, il pancreas, l'apparato cardiovascolare, i polmoni e anche con il cervello. Può, quindi, associarsi a una grande varietà di condizioni quali l'obesità, l'asma, le malattie autoimmuni in quanto contribuisce a regolare il sistema immunitario, le infiammazioni intestinali, le malattie vascolari e persino il nostro umore. Un recente studio americano, pubblicato sulla prestigiosa rivista "Cell", ha addirittura dimostrato per la prima volta che una malattia degenerativa come il morbo di Parkinson può avere origine nell'intestino, e non solo nel cervello come si pensava in precedenza.

Ma quali sono i fattori che determinano una presenza maggiore di batteri buoni o batteri cattivi nel nostro microbiota? Innanzitutto la dieta e l'alimentazione: i batteri sono alimentati da ciò che mangiamo e quindi gli apporti nutritivi incidono in maniera determinante sulle configurazioni del microbiota. Per esempio, ricerche dimostrano che chi consuma più fibre tende ad avere una maggiore diversificazione del microbiota rispetto a chi ne consuma poche. Inoltre, **CIBI FERMENTATI** come il kefir, ma anche lo yogurt, rappresentano alimenti molto benefici per questo organo.

Oggi gli istituti scientifici stanno addirittura studiando alimenti funzionali, come un particolare tipo di pasta, che siano in grado di arricchire l'intestino di batteri buoni e di avere effetti positivi sul metabolismo, nonché attenuare gli stati infiammatori.

Senza entrare nel particolare, il segreto sta nel seguire una dieta varia ed equilibrata, come quella proposta in questo libro, ricca di frutta, vegetali e legumi: questa strategia alimentare incrementa il livello di lattobacilli e bifidobatteri in grado di colonizzare l'intestino, favorendo l'equilibrio della microflora del microbiota gastrointestinale.

SEI PASTI AL GIORNO

La dieta proposta prevede sei pasti: colazione, spuntino della mattina, pranzo, merenda, cena, dopocena. Questo ritmo permette di mantenere i livelli glicemici nel sangue entro i parametri salutari. Numerose ore di digiuno continuative causerebbero un abbassamento eccessivo della glicemia, condizione chiamata "ipoglicemia", responsabile di alcuni sintomi quali disorientamento, stordimento, ansia, mal di testa, sensazione di affaticamento e irritabilità. Il controllo di questo valore è un delicato processo di bilanciamento che coinvolge molti apparati del corpo quando mangiamo un alimento che contiene zuccheri: gli acidi dello stomaco e gli enzimi digerenti rompono gli zuccheri e gli amidi e li convertono in glucosio, che arriva nell'intestino. A questo punto il glucosio può essere assorbito attraverso i villi intestinali e da lì arriva nel sangue.

La quantità di glucosio che finisce nel sangue dipende da quanto e da che cosa mangiamo, ossia dalla quantità e dalla qualità degli alimenti che abbiamo ingerito. Ma con grandi quantità di qualsiasi cibo, e in particolare dei carboidrati semplici e dell'unione di più carboidrati nello stesso pasto, la glicemia può salire a livelli superiori alla norma: questo fenomeno si chiama "iperglicemia post prandiale" ed è responsabile, nella maggior parte dei casi, degli aumenti di peso. Infatti, appena il cervello rileva la presenza di un eccesso di glucosio nel sangue, invia un segnale al pancreas, che comincia a secernere **INSULINA**, un ormone che ha la funzione di permettere che la glicemia si mantenga stabile dato che riesce a farla abbassare. Uno dei sintomi più eloquenti di questa situazione è provare una forte sensazione di fame dopo aver mangiato anziché sentirsi sazi.

Mentre il pancreas controlla la produzione di insulina, altri organi, il fegato in particolare, la utilizzano per trasformare lo zucchero nel sangue in energia. Il fegato assorbe il glucosio e lo converte in glicogeno, immagazzinandolo.

Lo zucchero residuo che non viene assorbito dalle cellule del fegato o da altri organi come il cuore e il cervello o dai muscoli, viene convertito in grasso stoccato nelle cellule adipose.

Mangiare ogni due ore circa è, quindi, una **STRATEGIA FONDAMENTALE** per evitare i picchi glicemici, e di conseguenza la sovrapproduzione di insulina, e dunque per tenere il peso sotto controllo.

LOTTA AI RADICALI LIBERI

Depurare significa anche liberarci da tutte quelle scelte nello stile di vita che "inquinano" il nostro organismo e portano alla formazione dei famigerati radicali liberi.

In condizioni fisiologiche normali, il nostro corpo risponde mettendo in atto delle difese che hanno il compito di contrastare i radicali liberi per vie naturali. Per ridurre la loro presenza, infatti, l'organismo ha a disposizione **SOSTANZE ANTIOSSIDANTI**. Si tratta di sostanze endogene, sintetizzate dal corpo stesso, e di sostanze esogene, ossia che possono essere introdotte attraverso l'alimentazione. Ma quando si verifica una sovrapproduzione di radicali liberi (a causa di condizioni di infiammazione cronica, esposizione a radiazioni, ma anche con il fumo di sigaretta e un'alimentazione ricca di grassi saturi, zuccheri, o per difetto o eccesso di attività fisica), può comparire lo stress ossidativo: l'organismo non riesce a neutralizzare l'accumulo di radicali liberi endogeni e viene così intossicato da queste sostanze, che causano danni a diversi settori del corpo umano. Non si tratta di una malattia nel senso tradizionale del termine, ma rappresenta l'effetto della rottura di un equilibrio biochimico e può causare, spesso in maniera subdola, l'insorgenza di un gran numero di condizioni cliniche.

È ormai certo che malattie comuni dovute all'invecchiamento cellulare – quali arteriosclerosi, cataratta, morbo di Alzheimer, morbo di Parkinson, malattie cardiovascolari, infarto, artriti, diabete, ipertensione – si associano a una prevalenza dei sistemi ossidativi su quelli antiossidanti di difesa. Eliminare questi fattori nocivi che attivano una produzione eccessiva di radicali liberi è un passo fondamentale per ogni aspetto della nostra salute. E per questo nella nostra dieta non mancano mai frutta e verdura ad alto potere antiossidante.

UNA QUESTIONE DI EQUILIBRIO

Il consumo di frutta e verdura ha anche un'altra azione positiva: questi alimenti aiutano ad alcalinizzare l'organismo, garantendo l'equilibrio acido/basico. Oggi molte persone sono affette da acidosi, una condizione che deriva da errori alimentari, scarso apporto di acqua, inattività o eccesso di attività fisica, inquinamento, stress, assunzione di farmaci, nicotina, alcol ecc. Questa acidosi genera un ristagno di tossine acide nella matrice extracellulare che il sistema immunitario si incarica di eliminare attivando una risposta infiammatoria. Se la condizione si mantiene nel tempo, rimane attiva anche la risposta immunitaria, che diventerà via via sempre più grave, con espressioni degenerative, se non addirittura autoimmunitarie, con una infiammazione rivolta contro componenti stessi dell'organismo (cellule, articolazioni, mucose). Per combatterla possiamo trovare aiuto nei **VEGETALI ALCALINIZZANTI**. Tra questi ci sono le verdure, le patate e la frutta. Tra gli alimenti acidificanti – e quindi da consumare proporzionalmente in quantità minori – ci sono: uova, formaggi stagionati (quelli freschi sono meno acidificanti), cereali (la pasta da farine lavorate è più acidificante rispetto alla pasta da farine integrali), legumi, specialmente secchi, dolcificanti e bevande dolcificate, caffè, tè, vino.

Questo non significa che nella dieta debbano essere presenti solo alimenti alcalinizzanti. Il rapporto ideale è di 4 a 1, cioè 4 alimenti alcalinizzanti su 1 acidificante consumati durante la giornata.

Capitolo 3

I 10
SUPERFOOD

Chi mi conosce da tempo e segue le diete che, nel corso di questi anni, sono state preparate per i miei lettori e il mio pubblico dai più grandi esperti di nutrizione nazionali e internazionali, sa che ci sono degli alimenti alleati a cui non rinuncio mai, soprattutto quando seguo un regime alimentare particolare volto al dimagrimento o alla depurazione. Tra questi, gli amici più affezionati ricorderanno l'**AVENA**, indiscussa protagonista de *Il viaggio dimagrante*: questo cereale contiene una notevole dose di acidi grassi insaturi della classe omega-3. Inoltre è un ottimo integratore naturale di minerali e vitamine e presenta ben l'11% di fibra, per lo più idrosolubile, che controlla l'assorbimento intestinale del glucosio, evitando bruschi rialzi di glicemia e insulina. In sintesi, ha spiccate capacità lipolitiche, cioè aiuta a sciogliere i grassi, e per questo motivo mi era stata molto utile durante il mio "viaggio"!

Naturalmente, con il passare del tempo, le scoperte scientifiche nel campo della nutrizione sono state sempre più numerose ed ecco che, anche nella mia dieta quotidiana, hanno fatto capolino cibi estremamente naturali a cui non riesco più a rinunciare. Come il kefir, per esempio, oppure il succo di *Aloe vera* o i semi di lino. Ho scoperto anche nuove sostanze come l'critritolo, un ottimo sostitutivo dello zucchero bianco o di canna utile per dolcificare, e di piante dalle innumerevoli azioni benefiche sul nostro organismo quali la moringa e la bardana. E, ancora, in una recente visita nei centri benessere più all'avanguardia in Italia, sono venuta a conoscenza delle straordinarie proprietà dell'inositolo, conosciuto anche come vitamina B7, di cui sono particolarmente ricche le prugne secche.

Accanto a queste sostanze, chi mi segue sui social network sa che ho un altro grande alleato per la salute e il benessere: il magnesio, un minerale che ritroviamo in molti alimenti o che può essere assunto sotto forma di integratore, e che non rinuncio mai alla bevanda di acqua e limone appena sveglia o a un buon centrifugato depurativo per la bellezza della pelle.

Tutti questi **AIUTI NATURALI**, come vedrete, sono alla base del nuovo viaggio dimagrante vegetariano: li ritroverete a colazione, negli spuntini, dopo cena o da aggiungere alle preparazioni. Dieci veri e propri superfood da assumere quotidianamente per assicurare al nostro organismo un pieno di sostanze altamente depurative, antiossidanti, capaci di fare davvero la differenza nell'alimentazione quotidiana.

Di seguito, vi illustro tutte le loro proprietà e perché è importante includerle in questo viaggio che faremo insieme.

ACQUA E LIMONE

UNA SPREMUTA DI BENESSERE

Al mattino, appena svegli, prendete l'abitudine di bere un bicchiere di acqua calda o tiepida con aggiunta di succo di limone. Gli effetti benefici sono tantissimi! Dopo l'ossigeno, infatti, l'acqua è la più importante sostanza per il mantenimento della funzionalità del corpo. Ricordiamoci che noi siamo fatti soprattutto di acqua! Se la sua concentrazione nel corpo diminuisce, perché magari non ne assumiamo abbastanza, quella delle sostanze contenute nelle cellule automaticamente aumenta.

Ma c'è di più: cambia il pH e viene modificata la velocità di azione degli enzimi che regolano tutti i processi metabolici. I risultati? Possono apparire disidratazione, stanchezza mentale, mancanza di concentrazione, affaticamento, apatia, stitichezza. Per non parlare dell'aspetto della nostra pelle, un organo che ci dà immediatamente un segnale quando non siamo sufficientemente idratati! Imparare a leggere il proprio viso guardandosi allo specchio è un passo molto importante per capire che cosa accade all'interno del nostro organismo. Bere almeno due litri di acqua al giorno lubrifica cervello, muscoli e articolazioni, stimola la digestione, l'assorbimento dei nutrienti e l'eliminazione delle scorie, a condizione che si bevano costantemente a piccoli sorsi nel corso dell'intera giornata. Quindi cominciamo subito, appena svegli.

Ma perché al mattino consiglio di aggiungere all'acqua una spremuta di limone? Perché è un frutto altamente **ALCALINIZZANTE** e uno degli aiuti naturali più graditi al nostro organismo anche per la perdita di peso. Il suo succo, infatti, contiene enzimi naturali che sono associati al dimagrimento. Assumere quotidianamente una bevanda di acqua con succo di limone ci permette di assorbire la pectina, un enzima che aiuta a stimolare il senso di sazietà. Senza contare tutte le fantastiche proprietà del limone: ha un'azione antisettica e disintossicante per tutto il corpo; contiene vitamina C e sali minerali come potassio, magnesio e calcio, considerati fondamentali per il benessere psicofisico; e, inoltre, favorisce il regolare funzionamento dell'intestino.

Ecco, quindi, una serie di validi motivi per prendere questa nuova abitudine:

~ la bevanda reidrata l'organismo dopo il sonno notturno;
~ pulisce dal ristagno di secrezioni che si trovano nel canale digerente, a partire dall'esofago, e nel resto del canale digerente (che anche in fase di riposo mantiene un'attività secretiva minima). Questo avviene perché il succo di limone stimola il fegato a produrre la bile, acido necessario per la digestione. Queste proprietà contribuiscono ad alleviare sintomi come bruciore di stomaco e gonfiore. I limoni, inoltre, sono ricchi di vitamine e di sali minerali, che aiutano a espellere le tossine accumulatesi nel tratto digerente. Queste azioni fanno della bevanda un ottimo rimedio purificante;
~ l'acqua e limone ha un effetto depurativo e diuretico. Risveglia l'attività filtrante dei glomeruli renali, la struttura renale deputata ai fenomeni di filtraggio e riassorbimento di sostanze contribuendo, quindi, a eliminare le sostanze di rifiuto e le tossine;
~ riattiva la microcircolazione di organi e apparati che il calore, anche se lieve, dell'acqua porta all'interno del corpo;
~ è una bevanda alcalinizzante che riequilibra i livelli di pH. I limoni sono acidi, ma nel nostro corpo sono alcalini: l'acido citrico non crea acidità una volta metabolizzato. Bere regolar-

mente acqua e limone può aiutare a tamponare l'acidosi della matrice extracellulare, che nel primo mattino ha il suo picco;
~ grazie all'alta presenza di acido ascorbico (vitamina C), stimola il sistema immunitario e si rivela un'alleata ideale contro raffreddore e problemi respiratori. La vitamina C migliora inoltre l'assorbimento del ferro nel corpo;
~ è un ottimo energizzante. Il limone contiene più ioni caricati negativamente, quindi fornisce al nostro corpo più energia nel momento in cui raggiunge il tratto intestinale. Anche l'aroma del limone ha proprietà energizzanti e migliora lo stato d'animo;
~ il succo di limone possiede un effetto antiage sulla pelle. Inoltre, la vitamina C attenua le rughe e le macchie e uccide alcuni tipi di batteri che provocano l'acne;
~ assicura un alito fresco, allevia il mal di denti e la gengivite.

COME PREPARARE LA BEVANDA

Spremete mezzo limone in un bicchiere di acqua tiepida.

È bene assumere questa bevanda al mattino, a digiuno. Evitate l'acqua fredda per la preparazione poiché richiederebbe un maggior dispendio di energia da parte dell'organismo per l'assimilazione. È utile grattugiare la scorza del limone prima di spremerlo, in modo da poterla conservare e utilizzare per cucinare. Per questo è bene scegliere sempre limoni freschi, preferibilmente biologici o coltivati nel vostro orto. Evitate, se possibile, il succo di limone confezionato.

LA BEVANDA DI ACQUA E LIMONE IN BREVE

LE PROPRIETÀ
• Reidrata l'organismo.
• Depura e aiuta la digestione.
• Sostiene il sistema immunitario.
• Alcalinizza l'organismo.
• È energizzante.

- Purifica la pelle e aiuta a ridurre le rughe.
- Assicura un alito fresco, allevia il mal di denti e la gengivite.

QUANDO ASSUMERLA
La mattina appena svegli.

DOSE CONSIGLIATA
Mezzo limone spremuto in un bicchiere di acqua tiepida.

KEFIR

PER COMINCIARE BENE LA GIORNATA

Molto simile allo yogurt, ma ancora più ricco di preziose sostanze benefiche, troviamo questa antichissima bevanda fermentata ogni giorno a colazione.

Confesso di aver scoperto il kefir solo pochi anni fa. Pensate che, secondo alcune fonti, pare che i primi riferimenti specifici ai granuli di kefir risalgano al XIII secolo, quando il grande esploratore Marco Polo scrisse nel suo resoconto di viaggi *Il Milione* di aver incontrato popolazioni caucasiche che consumavano il *chemmisi*, una bevanda originata dalla fermentazione del latte di giumenta. Ma fu solo all'inizio del Novecento, grazie a uno studio del premio Nobel per la medicina Ilich Metchnikoff – noto per essere stato lo scopritore del meccanismo della fagocitosi (ossia la capacità di diverse cellule di ingerire materiali estranei e di distruggerli) – che si è saputo come questa bevanda avesse il merito di contribuire alla particolare **LONGEVITÀ** delle popolazioni, soprattutto quelle caucasiche. Già durante i primi anni del secolo scorso c'era nell'aria l'idea che introdurre determinati batteri nel corpo umano potesse essere una causa di salute anziché di malattia, come molti altri invece sostenevano. È, quindi, a Metchnikoff che si deve la diffusione in Europa del latte fermentato con il lattobacillo bulgaro, che egli usava e raccomandava ai pazienti come metodo per la correzione delle putrefazioni intestinali, da lui ritenuta una delle principali cause di malattie.

LE PROPRIETÀ

Il kefir è ricchissimo di specie batteriche salutari e fermenti lattici, pertanto risulta molto attivo nell'equilibrio della flora batterica intestinale (microbiota), svolgendo anche un'azione positiva sul SISTEMA IMMUNITARIO. È poco calorico e molto ricco di minerali, tra i quali calcio, magnesio, fosforo e zinco, vitamina K antiossidante e vitamine del gruppo B, oltre che di acido folico. Rappresenta un valido aiuto per facilitare la digestione, attenuare il reflusso gastro-esofageo e per controllare la quantità di colesterolo LDL (cattivo) nel sangue. Grazie alla sua azione positiva sul transito intestinale, è anche un alimento molto utile per sgonfiare e snellire la pancia. È ricco di triptofano, il precursore dell'ormone serotonina, conosciuto per i suoi effetti terapeutici sul sistema nervoso: prezioso, quindi, per riequilibrare il tono dell'umore. È, dunque, uno degli alimenti più importanti da non far mancare nella nostra dieta depurativa.

PIÙ RICCO DELLO YOGURT

È bene sapere che, in seguito alle trasformazioni operate dai microrganismi sulla materia prima, rispetto allo yogurt il kefir può essere assunto anche da persone intolleranti al lattosio o alle proteine del latte. Un'altra differenza sostanziale tra i due alimenti è che i fermenti dello yogurt sono batteri che attraversano tutto il tubo digerente senza fermarvisi, mentre i fermenti presenti nel kefir sono in grado di colonizzare l'intestino. Lo yogurt, inoltre, contiene esclusivamente batteri, mentre il kefir possiede anche alcuni LIEVITI. In sintesi, per quanto si tratti di due cibi molto sani, il kefir contiene una varietà di specie batteriche molto maggiore rispetto allo yogurt.

Esistono due versioni differenti della stessa bevanda: è possibile ottenere kefir a partire da granuli a base di latte oppure a base d'acqua. Reperirlo è semplicissimo: si può acquistare nei grandi supermercati pronto da bere oppure si possono recuperare i granuli (di acqua o di latte, ma secondo gli esperti quelli di latte sono molto più ricchi di sostanze benefiche) nei negozi di alimentazione naturale, in erboristeria o in farmacia e prepararlo in casa per avere un prodotto sempre fresco.

COME PREPARARE IL KEFIR DI LATTE

- 50 g di granuli di kefir di latte (2 cucchiai circa)
- ½ litro di latte a piacere a temperatura ambiente.

PREPARAZIONE: mettete i granuli di kefir in un contenitore di vetro con coperchio. Versate il latte (il contenitore non deve essere troppo pieno), chiudete il recipiente e riponetelo in un luogo a riposare a temperatura ambiente (in estate meglio conservarlo in frigorifero). Aspettate 48 ore, finché il latte non sarà cagliato, senza dimenticare di mescolare ogni tanto. Il kefir non deve cagliare eccessivamente, ma rimanere abbastanza liquido così da evitare che diventi troppo acido. Filtrate il kefir in modo da separare i granuli dal latte fermentato: sarà pronto quando avrà una consistenza densa e i granuli saranno aumentati di volume.

Si mantiene in frigo per circa una settimana, ma è bene sapere che con il passare del tempo la fermentazione continua, e il gusto diventa sempre più acido. Il prodotto che si acquista già pronto ha, invece, la data di scadenza impressa sulla confezione e a questa bisogna far riferimento in maniera precisa.

COME PREPARARE IL KEFIR DI ACQUA

- 50 g di granuli di kefir (2 cucchiai circa)
- ½ litro di acqua
- 4-6 cucchiai di zucchero bianco

- ½ limone
- prugne secche e semi di lino
- 1 cucchiaio di semi a scelta (cumino, anice o finocchio)

PREPARAZIONE: mettete i granuli nel contenitore e versate l'acqua. Aggiungete lo zucchero e mescolate molto bene. Spremete il limone e aggiungete anche la buccia grattugiata. Unite la frutta e i semi. L'aggiunta di frutta secca come le prugne in piccole dosi non interferirà con la fermentazione, anzi la favorirà, dato che la frutta contiene comunque zuccheri fermentati, e, inoltre, conferirà alla bevanda un buon sapore. Tappate il recipiente e lasciate in fermentazione a temperatura ambiente per 48 ore. Filtrate la soluzione di kefir in un altro recipiente e conservate in frigorifero. Molti di voi si chiederanno perché si usi lo zucchero bianco e se sia possibile sostituirlo con un altro alimento dolcificante, come lo zucchero integrale, di canna o di cocco o, addirittura, l'eritritolo. Mi sono documentata e dalle ricerche effettuate è emerso che gli zuccheri integrali sono molto più ricchi di minerali rispetto a quello bianco e per questo motivo non possono nuocere alla vitalità dei microrganismi contenuti nei granuli che si utilizzano per produrre il kefir per la prima volta. Lo zucchero bianco, maggiormente raffinato, è quello che permette di ottenere la miglior crescita dei ceppi.

Anche questo tipo di kefir si conserva in frigo e va consumato entro quattro-cinque giorni.

QUANTO PRENDERNE?

Ma qual è la dose consigliata di kefir? Se non ne avete mai bevuto, specialmente di quello a base di latte, cominciate con piccole dosi per vedere l'effetto che fa questo nuovo alimento sul vostro organismo. Uno degli obiettivi di questa dieta, infatti, è imparare a sperimentare alimenti nuovi o reinserire gradualmente i cibi nella propria alimentazione – nonostante si tratti sempre di alimenti sanissimi – per capire quali sono quelli che fanno bene e quelli che possono invece causare qualche fastidio all'intestino. Iniziate con un paio di cucchiai fino ad arrivare a una tazza al giorno, preferibilmente da assumere a colazione.

IL KEFIR IN BREVE

LE PROPRIETÀ
- Aiuta le funzioni intestinali grazie al contenuto di fermenti lattici.
- Rafforza le difese immunitarie.
- È ricco di sali minerali e vitamine.
- Contiene aminoacidi come il triptofano.
- Contribuisce a tenere a bada il colesterolo cattivo.
- Dona energia e aiuta il normale tono dell'umore.

QUANDO ASSUMERLO
A colazione o come spuntino al posto dello yogurt.

DOSE CONSIGLIATA
Fino a una tazza al giorno.

SEMI DI LINO

SEMI DI SALUTE

Negli ultimi anni sono stati riscoperti i semi di lino. Per fortuna, aggiungerei, perché questi alimenti sono dei veri e propri semi di salute, in particolare per l'intestino e il cuore. Per questo da qualche tempo sono entrati a far parte della mia alimentazione quotidiana! Li assumo con lo yogurt o il kefir oppure li aggiungo a zuppe e minestre per una sana e naturale integrazione di elementi benefici. I loro preziosi lipidi "buoni" si rivelano molto utili soprattutto nelle diete vegetariane, che non prevedono l'assunzione di pesce (ottima fonte di acidi grassi essenziali). Ben lo sapeva Ippocrate, il padre fondatore della medicina, che descriveva le virtù curative di questi semi.

Impiegati in aggiunta alle pietanze, sotto forma di decotti o spremuti per ottenerne un olio, oltre a rappresentare una vera e propria miniera di acidi grassi essenziali e mucillagini, contengono proteine, minerali come fosforo e magnesio, vitamine B1, B2, E e soprattutto F. Quest'ultima è indispensabile nella formazione delle membrane cellulari e contrasta i processi infettivi e l'invecchiamento.

In particolare, se i semi sono aggiunti ad alimenti liquidi come yogurt, kefir o zuppe, le mucillagini conferiscono loro un'azione leggermente lassativa. Usando in questo modo i semi di lino, si facilita la pulizia del colon, agevolando il transito intestinale e regolandone la motilità. Sempre nell'intestino, come una sorta di balsamo, svolgono un'azione emolliente e protettiva utile anche in casi di colon irritabile.

Per sfruttare queste **PROPRIETÀ EMOLLIENTI E DEPURATIVE**, si possono preparare facilmente una tisana ai semi di lino – aggiungendone un cucchiaino in una tazza d'acqua bollente, che va poi filtrata e bevuta – oppure un ottimo infuso freddo. Come? Mettete in un bicchiere d'acqua naturale un cucchiaio di semi di lino in infusione per una notte, coprendo con un piattino. La mattina successiva filtrate e bevete a digiuno. I semi di lino nell'acqua si gonfiano, liberando le mucillagini. Per questo l'infuso di semi a freddo si usa come emolliente negli stati infiammatori intestinali.

Ma, di sicuro, sono apprezzati anche per un altro motivo: l'azione protettiva nei confronti del cuore. I semi di lino, infatti, contengono alte dosi di acidi grassi essenziali, soprattutto acido alfa-linoleico, della serie omega-3. Queste sostanze si sono dimostrate ipotensive, antiaggreganti, antinfiammatorie e riequilibrano la quantità di omega-6 nell'organismo che, se presenti in eccesso, possono causare aumento della pressione sanguigna, aggregazione piastrinica, formazione di trombi, irritazione intestinale e diminuzione delle difese immunitarie. In particolare, da questi semi si può ricavare un olio molto prezioso, l'olio di semi di lino appunto, che, contenendo fino al 58% di acidi grassi, si rivela benefico: bastano 6 grammi di olio di semi di lino, l'equivalente di un cucchiaino, per soddisfare il fabbisogno giornaliero di **OMEGA-3**. Inoltre, questo alimento contiene ubichinone-10 (chiamato anche coenzima Q o vitamina Q), capace di sviluppare una notevole quantità di energia contrattile miocardica. L'ideale sarebbe assumere l'olio di lino insieme a quello extravergine di oliva per fare il pieno di acidi grassi omega-9 e omega-3, entrambi utili per la protezione delle membrane delle cellule cardiache.

Un consiglio: preparate una bottiglietta di vetro nella quale inserire in parti uguali i due oli: metà extravergine, metà di semi di lino spremuto a freddo. Il mix tra acidi grassi omega-9 (olio extravergine di oliva) e omega-3 (olio di semi di lino), uniti alle verdure amarognole che troverete via via nella dieta, contenenti ubichinone-10, rappresenta una sana e consapevole scelta di prevenzione per la salute e l'efficienza del cuore.

INTERI O MACINATI?

Probabilmente, chi ha già l'abitudine di consumare questi preziosi semi di salute si è già imbattuto nell'annosa domanda: come vanno assunti? Alcuni esperti raccomandano, infatti, il consumo di semi di lino macinati, scoraggiando l'ingestione di quelli interi poiché, essendo scarsamente digeribili, potrebbero essere non assorbiti ed espulsi con le feci.

Ma sebbene tale raccomandazione sia piuttosto diffusa, in letteratura non vi sono importanti elementi sperimentali a sostegno di questa ipotesi. Più che altro, molto dipende dalle finalità per cui vengono assunti. Ricapitolando:

~ se vogliamo agire sull'intestino e sul transito intestinale, meglio assumerli interi, avendo l'accortezza di accompagnarli con bevande liquide (come il kefir) per promuovere il rigonfiamento delle mucillagini;

~ se, invece, lo scopo è quello di incrementare l'apporto di omega-3 (acido alfa linolenico), è preferibile assumerli macinati. Procedete voi stessi a questa operazione ed evitate di comprarli già tritati. Una volta macinato, il prodotto tende a deperire abbastanza in fretta, a causa dell'ossidazione degli omega-3. Se non riuscite a consumarli al momento o ne avete macinati troppi, conservate il prodotto in frigorifero, in un recipiente ben chiuso per pochi giorni.

QUALI SCEGLIERE

Normalmente acquisto quelli marroni, che si trovano praticamente ovunque, anche al supermercato e dal fruttivendolo. Ma esiste anche una varietà gialla, chiamata semi di lino golden. Entrambi presentano caratteristiche nutrizionali simili, incluse analoghe concentrazioni di omega-3.

I SEMI DI LINO IN BREVE

LE PROPRIETÀ

- Regolarizzano i processi intestinali e intervengono positivamente nelle affezioni dell'apparato gastroenterico (sia in caso di colon irritabile che di stipsi).
- Stimolano il sistema immunitario e prevengono le intolleranze.
- Attivano i processi di disintossicazione favorendo la depurazione generale dell'organismo e dei tessuti cutanei.

COME ASSUMERLI

Interi, macinati o sotto forma di olio.

DOSE CONSIGLIATA

Un cucchiaio al giorno.

BEVANDA DI ALOE

DEPURAZIONE TOTALE

Cattive abitudini alimentari, stress, scarsa o nessuna attività fisica e uno scorretto stile di vita possono mettere a dura prova il nostro corpo, che diventa stanco, spossato. Il transito intestinale rallenta e può presentarsi una sovrapproduzione di scorie e radicali liberi che accelerano il processo di invecchiamento. Lo sanno bene tutte quelle persone che, nei cambi di stagione o dopo un periodo di alimentazione particolarmente ricca, hanno bisogno di ritrovare una naturale **DEPURAZIONE**.

La parte interna delle foglie carnose dell'aloe si presenta come una polpa gelatinosa che, dopo un'attenta lavorazione, diviene un liquido ricco per favorire le fisiologiche funzioni dell'organismo. Rinfrescante, antiossidante e depurativa, ma anche digestiva e antinfiammatoria, protegge il sistema immunitario, reidrata la pelle dall'interno e svolge un'**AZIONE ANTIBATTERICA** per la salute della nostra bocca, oltre a combattere i radicali liberi dell'invecchiamento. Una pianta dalle innumerevoli azioni positive per il benessere di tutto l'organismo, conosciuta e utilizzata ampiamente da oltre 5000 anni.

Pensate che già antiche popolazioni la usavano come ingrediente principale in molti prodotti per la cura di pelle, capelli e denti. Si racconta che gli antichi Egizi, secondo una tradizione che si è tramandata fino a oggi, erano soliti mettere a dimora una pianta di aloe all'ingresso di una nuova casa per assicurarsi lunga vita e felicità. Cleopatra usava la sua polpa sul viso come crema idratante per mantenere la pelle giovane. In Grecia, invece, il succo si mescolava alla mirra per disinfettare il cavo orale: non a caso la ritroviamo come ingrediente principale di dentifrici e collutori. Persino Cristoforo Colombo pare che annotasse nei suoi diari i benefici dell'aloe, paragonandola a una sorta di medicina polivalente per curare i naviganti durante le lunghe traversate oceaniche. Insomma, per i suoi mille usi a favore del nostro benessere e della nostra salute, potremmo definirla a tutti gli effetti la regina delle piante terapeutiche. Preziosa adesso come 5000 anni fa.

Ed è per questo che consigliamo di assumerla quotidianamente per un certo periodo. Noi italiani, oltretutto, siamo abituati a questa pianta perché, nonostante sia originaria dell'Africa centrale, l'habitat in cui cresce è molto vario e comprende non solo i Paesi orientali come l'India, le isole dell'Oceano Indiano, gli Stati Uniti, il Messico, il Venezuela e l'Oceania, ma anche il bacino del Mediterraneo.

PERCHÉ FA BENE

Secondo alcune fonti, pare che questa pianta prodigiosa contenga circa 200 composti attivi e oltre 75 nutrienti, tra cui: 20 minerali (inclusi calcio, ferro, fosforo, magnesio, manganese, potassio, sodio, zinco); 18 dei 20 aminoacidi necessari all'uomo; 12 vitamine (incluse A, C, D, E e il gruppo B); enzimi. Grazie a questo cocktail di vitamine, minerali ed elementi nutritivi, migliora l'ossigenazione del sangue e ha proprietà antiossidanti contro i radicali liberi dell'invecchiamento e reidratanti per la pelle.

Io la scelgo per diversi motivi: innanzitutto per il suo forte effetto depurativo. Grazie al suo contenuto in antrachinoni, l'aloe agisce sulla mobilità intestinale, stimolandola. Quindi ha un effetto lassativo che aiuta l'organismo a liberarsi dalle tossine. Non solo: un trattamento per un certo periodo con il succo di *Aloe vera* agisce positivamente anche sulla flora batterica, contribuendo a mantenerla attiva e vitale. Inoltre, è tra le piante più conosciute e utilizzate nelle diete per perdere peso, quindi può rivelarsi particolarmente utile anche nel nostro viaggio dimagrante vegetariano: i principi attivi del succo di *Aloe vera* svolgono, infatti, un'azione di controllo e **REGOLAZIONE DEGLI ZUCCHERI** nel sangue, e il mondo scientifico ha ormai ampiamente dimostrato che questo aspetto è particolarmente importante quando si vuole perdere peso.

L'aloe migliora problemi quali l'ipercolesterolemia e l'ipertrigliceridemia: svariate ricerche hanno dimostrato come un consumo del succo di questa pianta contribuisca ad abbassare i valori del colesterolo cattivo e dei grassi nel sangue, svolgendo un'azione positiva anche contro lo sviluppo della sindrome metabolica, un insieme di alterazioni dei valori del sangue che possono predisporre a malattie come diabete, ipertensione ecc.

È, inoltre, alleata del sistema digestivo – altro grande obiettivo che vogliamo raggiungere con la nostra dieta depurativa – per garantire un intestino "felice". Il merito è dei suoi mucopolisaccaridi, zuccheri con proprietà gastro-protettive che, aderendo allo stomaco, formano una sorta di pellicola che protegge il tratto gastrico dagli agenti irritanti.

A beneficiare del suo uso sono anche le persone che soffrono di colon irritabile, grazie all'azione specifica della mucillagine fresca in essa contenuta, che diminuisce il grado di liberazione da parte delle cellule di molecole che causano infiammazione e che sono responsabili dei disturbi tipici del colon irritabile: bruciori, stipsi o diarrea, gonfiore ecc.

In una ricerca condotta nel 2004 nel Regno Unito, gli studiosi hanno addirittura dimostrato che le persone affette da colite ulcerosa, un tipo di malattia infiammatoria intestinale, hanno migliorato la gestione della patologia bevendo succo di *Aloe vera* due volte al giorno per quattro settimane.

Ma uno dei suoi meriti principali va sicuramente all'acemannano, che ha il compito principale di contribuire alla produzione dei macrofagi, un particolare tipo di globuli bianchi responsabili della difesa immunitaria. I suoi mucopolisaccaridi, inoltre, la rendono un ottimo rimedio antibatterico e antivirale, per questo uno dei motivi principali per cui è consigliata l'assunzione del succo di *Aloe vera* è proprio quello di stimolare le naturali difese dell'organismo nei periodi in cui è maggiormente provato, dunque in autunno, in inverno o nei cambi di stagione.

Infine, l'elevato contenuto in **MINERALI** fa di questo succo un ottimo rinforzante per capelli e unghie, controllandone la fragilità e rendendoli più forti e meno soggetti a sfaldamenti e rotture, e può risultare utile per aumentare i livelli di energia e ritrovare il benessere in un periodo di particolare stress.

PURA È MIGLIORE

Se estrarre il suo prezioso gel per curare eritemi e scottature è piuttosto semplice quando si ha una pianta di aloe in casa, lo stesso non si può dire per il succo, che deve essere comprato già pronto all'uso. È possibile acquistarlo praticamente ovunque: nei supermercati, in erboristeria, nei negozi di alimentazione naturale o in farmacia. Io preferisco optare sempre per un succo che contenga *Aloe vera* pura al 100%, con la presenza di pochissimi altri elementi, in modo da ottimizzare il funzionamento dei suoi principi attivi.

Normalmente, per il gel, dal quale poi viene ricavato il succo, viene usata la varietà *Aloe barbadensis Miller*. Per ottenere i migliori succhi, la raccolta delle foglie avviene in maniera accurata al fine di evitare l'ossidazione dei principi contenuti: per questo, la selezione e la prima lavorazione sono fatte nella stessa giornata. Le foglie, una volta giunte allo stabilimento, si lavano per eliminare eventuali contaminanti, poi si compie una decorticazione manuale per ottenere il filetto. Quest'ultimo viene quindi processato meccanicamente. Il gel liquido supera le varie fasi in condizioni ambientali controllate e viene imbottigliato senza pastorizzazione.

La dose ideale di succo? Un misurino da 50 ml. Io lo assumo preferibilmente al mattino, da solo o diluito in acqua o in una tisana fredda, e sto molto attenta a non berne più del dovuto. Per godere appieno delle proprietà di questa pianta, infatti, occorre moderazione, perché un sovradosaggio di aloe potrebbe causare disturbi all'intestino. Per evitare di berne più del dovuto, esistono comunque bustine predosate pronte all'uso. Comodissime, perché possono essere trasportate tranquillamente in borsa e bevute anche se si trascorre tutto il giorno fuori casa.

L'ALOE VERA IN BREVE

LE PROPRIETÀ
- Ha effetto depurativo.
- Agisce positivamente sulla flora batterica.
- Può essere utile per perdere peso grazie all'azione di controllo e di regolazione degli zuccheri.
- Contribuisce ad abbassare i valori di colesterolo cattivo e dei grassi nel sangue.
- Aiuta la digestione.
- Migliora i sintomi del colon irritabile e della colite ulcerosa.
- Stimola le naturali difese dell'organismo.
- Reidrata la pelle e rinforza capelli e unghie.
- Disinfetta il cavo orale.
- Aiuta a ritrovare il benessere nei periodi di stress.

COME ASSUMERLA
In succo, pura o diluita nella bevanda preferita.

DOSE CONSIGLIATA
Un misurino (50 ml) al giorno, preferibilmente al mattino, per due settimane.

MORINGA

LA POLVERE DALLE VIRTÙ DIMAGRANTI

Ultimamente se ne sente un gran parlare: la moringa è un prodotto vegetale dalle grandi virtù terapeutiche, che ci aiuta a vivere meglio. Originaria delle aree dell'India sub-himalayana, è sempre stata un ingrediente importante nelle antiche medicine indiane.

Dall'albero pendono dei simpatici elementi di colore verde che somigliano molto a delle zucchine. Sono i baccelli, anch'essi commestibili, così come i fiori, le foglie e le radici (queste ultime da consumare in quantità limitate a causa della presenza di un alcaloide, chiamato pirochina, che si ritiene tossico per il sistema nervoso). In India la moringa viene addirittura considerata un **ELISIR DI LUNGA VITA**.

In effetti, molte sono le sue azioni: svolge un potente effetto antinfiammatorio, migliora il metabolismo e la digestione, regola il sistema ormonale. In più, si pensa che possa aumentare le difese immunitarie rendendola un rimedio utile in caso di raffreddore, febbre e influenza. Normalmente si consuma in polvere, che è possibile acquistare nelle erboristerie. Questa polvere secca che si ottiene dalle foglie di moringa è molto ricca di proteine, vitamina A, calcio, potassio e vitamina C.

Questa considerevole dose di vitamine e minerali, oltre a sostenere la salute, stimola l'organismo a mantenere alti i livelli di **ENERGIA** e ridurre l'affaticamento, evitandoci così di mangiare più del dovuto. Questo è uno dei motivi per cui la pianta della moringa è spesso correlata alla perdita di peso. Ma c'è di più...

LE VIRTÙ PERDI-PESO

Insieme a uno stile di vita sano ed equilibrato, a regolare esercizio fisico e una adeguata dieta alimentare, la moringa pare possa accelerare la perdita di peso per una serie di motivi.

Innanzitutto, grazie alle sue qualità antinfiammatorie, sembra che intervenga positivamente nella riduzione della ritenzione idrica, condizione diffusissima specialmente tra le donne, che si manifesta soprattutto con gambe appesantite, ma anche mani e piedi gonfi e borse sotto gli occhi. Alla base di questo disturbo, che si presenta come un ristagno di liquidi negli spazi extracellulari (tra una cellula e l'altra), c'è uno squilibrio tra il sistema venoso e quello linfatico e una cattiva circolazione sanguigna. Per risolvere il problema, si consiglia di bere più acqua, che avrà il compito di ripulire il corpo dalle tossine e attenuare la sensazione di gonfiore. Questa buona abitudine, unita all'effetto diuretico della moringa, ridurrà dunque i livelli di ritenzione idrica e allevierà la sensazione di gonfiore.

La pianta **È MOLTO RICCA DI FIBRE**. Queste preziose sostanze, oltre a procurare senso di sazietà e a essere benefiche per l'intestino, a contatto con l'acqua presente nell'intestino stesso formano un gel capace di governare l'assorbimento del glucosio e di controllare i valori del colesterolo nel sangue. Aiuta anche a liberarsi dai grassi e dai rifiuti più velocemente, accelerando il metabolismo. L'accumulo di grassi e acidi saturi è ciò che causa i maggiori problemi di salute a chi ha un metabolismo lento. I grassi saturi in genere non possono essere scomposti o assorbiti, quindi vengono conservati nel corpo, dove si accumulano e possono essere responsabili dell'aumento di peso. I composti presenti nella moringa accelerano il metabolismo e abbattono i grassi.

Di questa pianta non si butta via niente! Dai semi dell'albero si estrae un olio ricco di acidi grassi insaturi che ha molti possibili utilizzi. I baccelli, conosciuti anche con il nome di mazze da tamburo a causa della loro forma, sono ritenuti potenti afrodisiaci (per sfruttarne i benefici si fanno bollire e dopo si estrae il frutto che si trova all'interno). Le foglie, invece, dal sapore leggermente piccante, possono essere mangiate cotte oppure aggiunte a salse, minestre e zuppe. I semi e i frutti hanno un gusto simile a quello dei legumi e possono essere cucinati in maniera molto simile.

Anche le radici dell'albero sono commestibili e ricordano un po' le carote ma, come accennato, è bene non abusarne. Infine, i fiori sono ricchi di carboidrati, hanno un buon sapore e possono essere aggiunti alle insalate. Purtroppo in Italia non abbiamo a disposizione la pianta fresca, ma possiamo utilizzare gli estratti in polvere da aggiungere all'acqua calda o alle nostre pietanze, oltre a succhi, centrifugati, estratti o infusi.

LA MORINGA IN BREVE

LE PROPRIETÀ
- Migliora la circolazione.
- Riequilibra il metabolismo.
- Possiede principi antinfiammatori.
- Grazie alle vitamine e ai minerali, previene l'invecchiamento cellulare.
- Rinforza il sistema immunitario.
- Facilita il sonno.
- Combatte la ritenzione idrica.
- Aiuta la digestione.
- Può contribuire alla perdita di peso.

COME ASSUMERLA
In polvere, da aggiungere alle zuppe o alle bevande.

DOSE CONSIGLIATA

La polvere è da considerare allo stesso modo degli aromi e delle spezie che generalmente usiamo in cucina, come ad esempio il peperoncino, quindi va utilizzata in quantità sempre minima. Più che la quantità, i produttori consigliano l'uso frequente di moringa per sfruttare i suoi principi nutritivi, che possono dare buoni risultati.

ERITRITOLO

UN DOLCIFICANTE A ZERO CALORIE

Una buona alternativa allo zucchero, ma senza calorie, è rappresentata dall'eritritolo, un polialcol naturalmente presente in una grande varietà di frutti e alimenti. Il suo profilo aromatico è molto simile a quello del saccarosio, con un potere dolcificante pari a circa il 60-70% e senza i retrogusti sgradevoli tipici dei dolcificanti sintetici. Sebbene sia stato solo recentemente introdotto nel mercato europeo, la sicurezza di questo alimento è ben documentata: già nel 2003 è stato definito sicuro per l'utilizzo negli alimenti dall'SCF (Scientific Committee on Food, Comitato scientifico dell'alimentazione). Dal 2006, invece, la legislazione europea ne ha autorizzato l'impiego in diversi alimenti, dalle gomme da masticare, ai dessert, ai prodotti da forno, e non fissa una dose massima. Sull'etichetta dei prodotti viene indicato con la sigla E968.

I vantaggi sono notevoli: l'eritritolo ha valori pressoché nulli di indice glicemico e insulinemico ed è quindi adatto a **RIDURRE L'IMPATTO GLICEMICO** della dieta, con conseguenze positive sul peso corporeo; è un ottimo antiossidante, ben tollerato anche dal punto di vista digestivo e, al contrario di altri dolcificanti, non ha effetto lassativo.

Grazie al suo peculiare profilo metabolico e all'assenza di impatto energetico, è l'unico carboidrato che può essere dichiarato senza calorie. Inoltre non favorisce la carie dentale. Al contrario, sembra avere un ruolo protettivo, analogo a quello dello xilitolo, contro la placca batterica.

COME SI USA

L'eritritolo ha un sapore piacevole che lo rende adatto a essere utilizzato sia nelle bevande calde, come tè e infusi, che in cucina. Non solo: è possibile impiegarlo nelle torte, nei sorbetti, nelle meringhe, nelle creme, negli sciroppi e nelle marmellate. L'utilizzo di questa sostanza permette di ridurre drasticamente gli zuccheri semplici in un dolce che, se preparato anche con le giuste quantità di grassi e fibra, potrà diventare molto salutare.

Si acquista nei supermercati o nelle erboristerie più fornite.

L'ERITRITOLO IN BREVE

LE PROPRIETÀ
- Può essere usato al posto dello zucchero per dolcificare.
- Non fa alzare la glicemia e mantiene normale la produzione di insulina, con effetti positivi sul peso corporeo.
- È un ottimo antiossidante.
- Non ha calorie.
- Non favorisce la carie.
- Non ha effetti lassativi.

COME ASSUMERLO
Nelle bevande e come dolcificante per dolci e confetture.

DOSE CONSIGLIATA
Un cucchiaino.

BARDANA

DETOX PER ECCELLENZA

Tra le erbe in grado di depurare l'organismo, la bardana detiene sicuramente il posto più importante. Assumere una buona tisana a base di questa pianta così comune nei nostri territori dovrebbe diventare una buona abitudine per una serie di motivi: è utile per le sue **PROPRIETÀ DETOSSIFICANTI** (eliminazione delle scorie metaboliche tramite un'azione depurativa su fegato, cistifellea e reni), stimolanti le funzioni epato-biliari, antiossidanti, diuretiche, ipoglicemizzanti e antinfiammatorie. In pratica, rappresenta una valida alleata per tutti gli obiettivi che vogliamo raggiungere con la nostra dieta purificante. Il merito è dei suoi numerosi principi attivi, tra cui: polifenoli, potenti antiossidanti; lignani; tracce di olio essenziale; principi amari; inulina (una preziosa fibra) e mucillagini; sostanze quali vitamina C, potassio, calcio e magnesio. Queste sostanze agiscono su vari aspetti.

AZIONE DEPURATIVA Pensate che in passato era consuetudine bruciare la radice di bardana per purificare i luoghi dagli influssi negativi. Il decotto era utile per curare gli avvelenamenti, le punture e i morsi infettivi degli animali. Ma oggi, grazie ai progressi della scienza, si è potuto scoprire di più. La bardana, infatti, si è dimostrata capace di contrastare l'epatotossicità, soprattutto se provocata dal consumo cronico di sostanze alcoliche. Questa efficacia si evince dal fatto che con l'assunzione dei principi contenuti in questa pianta le transaminasi, enzimi fondamentali per il corretto funzionamento del fegato, diminuiscono. È bene tenere sotto controllo questo valore perché, come molti di voi sapranno, un aumento della loro concentrazione e il conseguente rilascio nel sangue è segno di problematiche a livello epatico.

AZIONE DI CONTROLLO DEL PESO CORPOREO La presenza di inulina nella radice contribuisce a rallentare la digestione dei carboidrati, riducendo l'assorbimento del glucosio, pertanto può risultare utile nella gestione del peso corporeo.

AZIONE ANTIOSSIDANTE Evita la riduzione della perdita di glutatione cellulare, una sostanza che protegge le cellule dall'azione deleteria dei radicali liberi.

AZIONE ANTINFIAMMATORIA SULLA PELLE I lignani e gli acidi caffeilchinici (soprattutto l'acido clorogenico) esercitano un'importante azione antinfiammatoria e rigenerante del derma, stimolando la sintesi di collagene e di acido ialuronico.

AZIONE PREVENTIVA, ANCHE NEI CONFRONTI DEI TUMORI Recenti studi in ambito oncologico hanno dimostrato che alcuni principi attivi contenuti in questa pianta (in particolare l'arctigenina) hanno un'efficace azione antitumorale: questo effetto sembra essere legato alla capacità di inibire il processo di angiogenesi. Cioè, impedendo la formazione di nuovi vasi sanguigni, viene limitato l'apporto di nutrienti vitali indispensabili alla vita delle cellule malate.

Insomma, sono davvero molteplici gli effetti che questa pianta benefica può avere sul nostro organismo. E non solo dal punto di vista della depurazione! Per questo vi consiglio di assumere ogni giorno una tisana a base di bardana. È possibile acquistarla nei supermercati, in erboristeria, nei negozi di alimentazione naturale o in farmacia.

RACCOGLIETELA NEI CAMPI!

In primavera e in estate non è inusuale ammirare i bellissimi fiori bianchi e viola della bardana. Se la vedete, raccogliete le foglie più tenere per preparare una gustosa insalata o lessatele. Anche la radice è apprezzata per il suo gradevole sapore dolce-amaro e viene utilizzata alla stregua di altri ortaggi (il gusto è simile a quello del topinambur). Previa lessatura, può essere consumata all'agro, con olio, sale e aceto (o limone), oppure ripassata in padella o servita accompagnata da salsa verde.

LA BARDANA IN BREVE

LE PROPRIETÀ
- È depurativa, detossificante e diuretica.
- Stimola le funzioni epato-biliari.
- Ha proprietà antiossidanti.
- Aiuta ad abbassare la glicemia.
- Ha proprietà antinfiammatorie.

COME ASSUMERLA
Sotto forma di tisana.

DOSE CONSIGLIATA
Un bicchiere.

INOSITOLO

LA "VITAMINA" PERDI-PESO

Ne avete mai sentito parlare? L'inositolo, conosciuto anche come vitamina B7, è una sostanza essenziale per l'organismo, che è in grado di produrlo da solo in associazione a quello assunto attraverso l'alimentazione. Tra i vari benefici di questa sostanza sul corpo, gli studi hanno dimostrato che l'inositolo stimola la produzione di lecitina, una sostanza che, come uno spazzino, ripulisce le pareti delle arterie dai depositi lipidici e li veicola al fegato, dove vengono in parte eliminati attraverso la bile. Contemporaneamente, impedisce che questo importante organo accumuli troppi lipidi, evitando l'insorgenza di steatosi epatica, il cosiddetto "fegato grasso". Agendo sul fegato, dunque, possiede una spiccata azione detossinante, utile in particolare quando si vuole seguire una dieta depurativa. I suoi effetti, poi, sono positivi anche sul mantenimento di un sano peso corporeo perché contribuisce, insieme alle altre vitamine del gruppo B, al metabolismo energetico.

Ma le sue azioni non sono solo queste: alcune ricerche hanno dimostrato che l'inositolo è un importante **REGOLATORE DEL TONO DELL'UMORE** poiché agisce come blando sedativo nei periodi di forte stress psichico. Infine, è utile anche per favorire il concepimento: da alcuni studi è emerso che una carenza può causare una riduzione del numero e dell'efficacia degli spermatozoi, con conseguente difficoltà nel concepimento. Si mostra anche fondamentale sul versante femminile poiché favorisce il normale ciclo ovarico, tanto da essere stato ribattezzato la "molecola della fertilità" nella lotta contro la sindrome dell'ovaio policistico (PCOS, Poly-Cystic Ovary Syndrome), una complessa patologia che colpisce fra il 5% e il 10% delle donne in età riproduttiva impedendo loro di concepire.

FACCIAMONE SCORTA: DUE PRUGNE SECCHE DOPO CENA

L'inositolo si trova in natura in alcuni alimenti tra cui legumi, cereali, frutta. In particolare, ne sono ricchi la lecitina di soia, il riso integrale, il grano saraceno, l'avena e l'orzo, oltre che il tuorlo d'uovo. Anche la carne, sia di bovino che di maiale, ne contiene una certa quantità. Poiché nella nostra dieta depurativa la carne non è prevista, la maggiore fonte di inositolo per noi saranno le prugne secche, interessanti non solo per la loro azione lassativa (contengono una particolare sostanza, chiamata difenilisatina, che stimola i movimenti dell'intestino favorendo il regolare transito intestinale). L'alto contenuto di minerali, tra cui magnesio, potassio e zinco, rende le prugne particolarmente indicate per mantenere l'equilibrio idroelettrolitico dell'organismo, con effetti benefici sul metabolismo e, grazie alle loro proprietà antiossidanti dovute alla concentrazione di vitamina A, betacarotene e zinco, rappresentano un valido aiuto per la bellezza della pelle.

Questi frutti possiedono, inoltre, **VIRTÙ DIMAGRANTI**, nonostante siano alimenti altamente energizzanti, e vantano proprietà diuretiche, caratteristica che le rende ideali da assumere quotidianamente in una cura depurativa, specialmente dopo periodi di eccessi alimentari.

Rispetto ai frutti freschi, le prugne secche, per via della concentrazione dei principi attivi, contengono circa 10-16 grammi per etto di fibre, contro i 2 grammi in media del frutto fresco! Es-

63

sendo ricche di inositolo, sono perfette da assumere dopo cena come spuntino per favorire un buon sonno. Non fatene a meno!

L'INOSITOLO IN BREVE

LE PROPRIETÀ
- Stimola il metabolismo energetico.
- Favorisce la depurazione dell'organismo.
- Abbassa il colesterolo.
- È amico del cervello, del buon sonno e del buonumore.
- Aiuta la fertilità negli uomini e nelle donne.

COME ASSUMERLO
Attraverso la lecitina di soia, il riso integrale, il grano saraceno, l'avena, l'orzo, il tuorlo d'uovo, le prugne secche.

DOSE CONSIGLIATA
2 prugne secche dopo cena.

ESTRATTI, CENTRIFUGATI E FRULLATI

SPREMUTE DI BENESSERE

Disintossicanti, drenanti, sgonfianti contro il meteorismo intestinale, i centrifugati, gli estratti e i frullati di frutta e verdura sono un'ottima alternativa alla frutta intera, soprattutto nel giorno vegano. Una vera e propria **MINIERA** di minerali, vitamine ed enzimi importanti per il nostro organismo. Ci riforniscono, infatti, di preziosa acqua biologica e sono un'ottima fonte di vitamina C, betacarotene, zinco e magnesio, elementi ad azione antiossidante che ci aiutano a contrastare i processi degenerativi delle cellule mantenendoci giovani più a lungo. Inoltre, i vegetali intervengono positivamente sul transito intestinale. Ma quali sono le differenze tra le tre bevande?

I centrifugati si ottengono attraverso un elettrodomestico chiamato appunto centrifuga, che permette di separare la polpa dalla fibra alimentare, concentrando i principi nutritivi contenuti negli alimenti vegetali e rendendoli facilmente assimilabili. Per preparare ottimi centrifugati occorrono pochi minuti. La frutta e la verdura vanno accuratamente lavate con acqua e bicarbonato, risciacquate e asciugate. Quando occorre – per esempio nel caso di kiwi, ananas, banane, anguria, agrumi – bisogna eliminare la buccia. La frutta come le pesche e le ciliegie va denocciolata. È importante tagliare i vegetali in pezzetti abbastanza piccoli per favorire la discesa attraverso l'imbuto fino alla vaschetta.

Gli estratti si preparano allo stesso modo, ma utilizzando un elettrodomestico diverso, chiamato estrattore, che permette di mantenere nel succo una parte della fibra.

I frullati, invece, conservano tutte le parti della frutta: buccia (se gradita), polpa e succo. E, oltre alle vitamine e ai minerali, troviamo la fibra con tutti i benefici che ne derivano. Questa fibra presente nella frutta e nella verdura si definisce idrosolubile, cioè nell'acqua forma un gel resistente, il quale, a livello gastrico, funge da filtro, riducendo e rallentando l'assorbimento di zuccheri semplici a livello intestinale. Ciò significa che c'è un lento e costante rilascio di zuccheri nel sangue il quale si traduce in senso di sazietà più prolungato nel tempo, proprio perché non viene bruciata subito tutta l'energia disponibile. Così come i centrifugati e gli estratti, inoltre, anche i frullati sono veri e propri **CONCENTRATI DI VITAMINE E MICRONUTRIENTI ESSENZIALI** per il corretto funzionamento del nostro organismo.

IL CONSIGLIO IN PIÙ Le vitamine non sono tutte uguali e non tutte vengono assorbite allo stesso modo. Si distinguono in idrosolubili, come la vitamina C e quelle del gruppo B, e in liposolubili, come le vitamine A, D, E, K. Se per le vitamine idrosolubili l'assorbimento è facile, per quelle liposolubili – che come dice il nome stesso si sciolgono in presenza di grasso – se consumiamo il frullato lontano dai pasti principali è più complesso. Questo si verifica perché in frutta e verdura non ci sono lipidi. Per questo motivo è importante associare la bevanda a qualcosa di grasso. Si può aggiungere alla preparazione, per esempio, qualche cucchiaio di latte vegetale, una noce o dei semi di lino.

GLI INGREDIENTI GIUSTI

Non esiste una regola generale che prevede l'uso di particolari vegetali. Io suggerisco, comunque, di utilizzare più verdura che frutta. Possiamo preparare, per esempio, un ottimo succo con carote, una mela e una fettina di zenzero fresco. Oppure con cetriolo,
sedano, lime, mela, spinaci e pinoli. Le combinazioni possono essere infinite. Ecco qualche esempio:

PRIMA RICETTA

INGREDIENTI PER I PERSONA

- ½ finocchio
- 1 kiwi sbucciato
- 1 mela
- 1 manciata di mirtilli
- ½ cetriolo
- 1 cucchiaino di semi di lino

PREPARAZIONE Passate tutti gli ingredienti, eccetto i semi di lino,
in una centrifuga. Aggiungete questi ultimi e lasciate riposare il
succo per 5 minuti. Versate il contenuto in un frullatore o robot
da cucina e amalgamate il composto, che avrà una consistenza
cremosa. Servite immediatamente. Oltre a favorire la digestione,
i semi di lino fanno sentire sazi più a lungo e sono, pertanto, un
ottimo alleato per perdere peso.

SECONDA RICETTA

INGREDIENTI PER I PERSONA

- 1 piccola manciata di foglie di spinaci
- 1 pera
- 1 limone sbucciato
- 1 gambo di sedano
- ½ cetriolo

PREPARAZIONE Frullate tutti gli ingredienti in una centrifuga e bevete subito. Straordinariamente leggero, questo succo verde ricco di nutrienti rinfresca l'organismo e conferisce energia.

TERZA RICETTA

INGREDIENTI PER 1 PERSONA

- ½ banana
- ¼ di avocado maturo, sbucciato e tagliato a pezzetti
- 1 piccola manciata di spinaci
- 1 manciata di mirtilli
- ¼ di cetriolo, a pezzetti
- 1 cucchiaio di granella di cacao grezzo
- 1 tazza scarsa di latte vegetale, da aggiungere se necessario

PREPARAZIONE Tagliate la banana a pezzetti e mettetela in un sacchetto per congelare. Dopo aver tolto l'aria dal sacchetto, chiudete ermeticamente e lasciate una notte in freezer. Mettete la banana in un frullatore e aggiungete gli altri ingredienti. Amalgamate il composto, aggiungendo latte vegetale se necessario. Il cacao grezzo è straordinariamente ricco di magnesio, ferro, cromo e antiossidanti. Pur essendo privo di zuccheri, conferisce una sferzata di energia all'organismo, grazie alla presenza di triptofano, il precursore della serotonina (l'ormone del buonumore). La miscela cremosa e idratante della ricetta aiuta ad aumentare i livelli di magnesio ed è ricca di potassio e sodio.

QUARTA RICETTA

INGREDIENTI PER 1 PERSONA

- 3 carote grandi
- 1 limone sbucciato
- ½ pera
- 1 mela
- ½ cucchiaino di semi di lino

PREPARAZIONE Passate tutti gli ingredienti, eccetto i semi di lino, in una centrifuga, quindi aggiungete quest'ultimo ingrediente e mescolate. Questo succo sfizioso è ricco di antiossidanti, in particolare carotenoidi, conosciuti per le loro proprietà positive sulla salute e la bellezza della pelle. Il betacarotene contenuto nelle carote viene convertito in vitamina A, importante per mantenere e rafforzare le difese immunitarie. L'olio di semi di lino contiene grassi omega-3 che conferiscono alla bevanda proprietà antinfiammatorie.

GLI ESTRATTI, I CENTRIFUGATI E I FRULLATI IN BREVE

LE PROPRIETÀ
- Sono ricchi di vitamine e sali minerali antiossidanti.
- Intervengono positivamente sul transito intestinale.
- Depurano l'organismo.
- Riforniscono di preziosa acqua biologica.

COME ASSUMERLI
Nello spuntino di metà pomeriggio, in particolare nel giorno vegano.

DOSE CONSIGLIATA
Un bicchiere.

MAGNESIO

IL MINERALE DELL'ENERGIA

Il magnesio è un minerale che mi accompagna, come regola di vita, da moltissimi anni. Ogni sera ho l'abitudine di assumere un bicchiere di acqua tiepida con un cucchiaino di magnesio. I vantaggi per la salute sono notevoli e chi ha già sperimentato l'utilizzo di questo minerale può confermarlo! È contenuto in molti alimenti quali verdure a foglia verde, kiwi, agrumi, carciofi, bieta, vegetali della famiglia delle Crucifere (cavolfiori, broccoli, cavoletti di Bruxelles), legumi quali fagioli e ceci, frutta secca (noci, mandorle, nocciole, pistacchi), pollo, grana, bresaola, riso integrale, cacao in polvere, latte di mucca. Ogni giorno un soggetto adulto deve introdurre con gli alimenti una dose di 500 milligrammi di magnesio. Tuttavia spesso l'alimentazione da sola non basta per garantire una adeguata presenza di questo minerale nell'organismo. Per questo può essere utile assumerlo attraverso **INTEGRATORI**.

Ma perché il magnesio è così importante per il nostro organismo? Basti sapere che questo minerale prezioso regola l'attività di oltre 300 enzimi, controllando le principali vie metaboliche dell'organismo umano. Ha un ruolo molto importante nel controllo della pressione arteriosa e in numerosi processi metabolici legati alla produzione di energia all'interno delle cellule.

Una carenza di magnesio causa stanchezza, debolezza, mancanza di concentrazione; può dare aritmie cardiache e ritardi della crescita.

Il magnesio **REGOLA** l'eccitabilità della cellula e della trasmissione nervosa, **PROTEGGE** il cervello da carenze energetiche, limitando il danno cerebrale. Una adeguata assunzione del minerale interviene positivamente anche nel **TONO DELL'UMORE**. Limita inoltre l'azione tossica dei radicali liberi dell'ossigeno, svolgendo una potente azione antiossidante, ed entra, assieme al calcio, nella costituzione delle ossa, tanto che possiede un rilevante ruolo nella genesi e nella terapia dell'osteoporosi.

UTILE PER PERDERE PESO

Tra le molteplici azioni positive, il magnesio interviene anche nel dimagrimento. Gioca, infatti, un ruolo fondamentale nel metabolismo corporeo: la sua partecipazione è fondamentale per bruciare efficacemente i grassi e gli zuccheri allo scopo di produrre energia. In più, aiuta a controllare il livello di insulina, il cosiddetto "ormone dell'accumulo del peso corporeo". Il magnesio, infatti, attiva l'enzima che serve a trasformare il glucosio in modo che diventi energia di pronto consumo, da bruciare subito. Questo minerale, quindi, avvia il processo di lipolisi, ossia il consumo dei grassi. Un ultimo, ma non meno importante ruolo del magnesio contro il sovrappeso è anche quello che svolge a livello mentale: grazie alla sua azione distensiva sul sistema nervoso, **RIDUCE GLI STATI D'ANSIA E LO STRESS**. Le situazioni stressanti producono cortisolo, un ormone che spinge a mangiare anche quando non ce ne sia un reale bisogno. Il magnesio, riducendo tutte le forme di fame nervosa, ci aiuta quindi indirettamente a perdere peso.

QUANDO NON È SUFFICIENTE

Abbiamo detto che la carenza di magnesio causa stanchezza, debolezza, mancanza di concentrazione e disturbi del comportamento con labilità emotiva. Chi vuol sapere se ha una concentrazione salutare di magnesio, può fare un semplice esame del sangue: la magnesemia. Il valore normale del magnesio nel sangue circolante è attorno a 2 mg/dl. Si può tendere a una ridotta presenza di magnesio nell'organismo per varie cause, per esempio diete squilibrate, difficoltà di assorbimento intestinale, diarrea e vomito frequenti, diabete mellito e altre patologie endocrine a carico della tiroide, malattie renali croniche, uso scriteriato di farmaci come i diuretici, abuso di alcol, intensa sudorazione. È bene sapere, inoltre, che la cottura dei vegetali riduce il contenuto di magnesio.

Ma quale scegliere? In commercio, in farmacia, come pure nelle erboristerie ben fornite e nei negozi di prodotti naturali, esistono vari composti a base di magnesio: polvere o compresse, bustine o flaconcini.

IL MAGNESIO IN BREVE

LE PROPRIETÀ
- Protegge il cervello da carenze energetiche.
- Contribuisce all'equilibrio elettrolitico e alla normale funzione muscolare.
- Riduce il senso di stanchezza e affaticamento.
- Svolge un'azione antiossidante, limitando l'azione dannosa dei radicali liberi dell'ossigeno.
- Insieme al calcio, partecipa alla costituzione delle ossa.
- Costituisce un aiuto nella terapia dell'osteoporosi.

COME ASSUMERLO
In base alla formulazione (in compresse, polvere ecc.) seguire le istruzioni riportate sulla confezione.

QUANDO ASSUMERLO
Ogni giorno, preferibilmente la sera.

IL BENESSERE IN CUCINA

A CURA DELLO CHEF FABIO CAMPOLI

Cucina e salute costituiscono un connubio sempre più al centro dell'informazione pubblica e dell'interesse stesso dei consumatori. Ma nutrirsi con semplicità e benessere sta diventando più facile o più difficile? Per alcuni è una questione di tempo, per altri di capacità di spesa, ma è senza dubbio vero che il mercato alimentare si plasma costantemente sulle esigenze del grande pubblico, mettendo a disposizione un numero sempre crescente di **PRODOTTI ALTERNATIVI** che strizzano l'occhio alla salute e, per alcuni, anche al senso etico.

Accanto a queste amplissime opportunità di scelta dei cibi, avete mai provato a pensare che anche le tecniche di cucina possano influenzare il vostro benessere? È il concetto sul quale ho basato i miei trent'anni di esperienza da **CHEF NON CONVENZIONALE**, che mi hanno portato a collaborare con università, ad affiancare medici ed esperti dell'alimentazione – da programmi televisivi a convegni di settore – nonché a vivere gli alimenti come frutto di scoperte sempre nuove, grazie alla conoscenza approfondita di micro e macronutrienti e della loro composizione chimica.

Quella che definisco **CUCINA SEMPLICEMENTE DIFFERENTE** non vuol essere tuttavia un mio esclusivo tratto di distinzione:

mira, piuttosto, a diventare parte integrante anche della vostra cucina, attraverso piccoli accorgimenti che potranno influenzare positivamente ora la digeribilità, ora la biodisponibilità dei nutrienti delle vostre preparazioni.

In questo libro troverete diverse tecniche che ho cercato di spiegare, all'interno dei procedimenti delle ricette, nel modo più semplice e, spero, efficace. Se volessi riassumerle in una mia filosofia gastronomica, lo farei con i tre punti seguenti:

~ l'attenzione all'utilizzo dei grassi in cucina, che mi ha portato a distinguerli, in base all'impiego, come **CONDIMENTI** (rigorosamente a crudo) o come **CONDUTTORI**. Nel secondo caso, infatti, essi fungono da semplice rivestimento omogeneo di verdure, andando a sfruttare il loro "potere calorifico" su tutta la superficie dei prodotti, eliminando l'abitudine di versare copiose quantità d'olio nei recipienti di cottura;

~ la predilezione per le **BASSE TEMPERATURE** come mezzo ideale per il conseguimento di vari scopi: dall'ottenimento di soffritti più salutari e digeribili alla cottura di alimenti che mantengano il più possibile le proprietà nutritive e i propri succhi;

~ il costante sfruttamento del **VAPORE**, che consente l'estrazione di aromi nel modo più semplice e naturale e rende possibile il controllo delle temperature di cottura, grazie al punto di ebollizione che funge da vero e proprio riferimento in cucina per l'identificazione di soglie da non oltrepassare (pena la digeribilità dell'alimento stesso e l'integrità dei nutrienti al suo interno).

Una **NUOVA CUCINA DEL BENESSERE** è quindi possibile e concreta, e passa non solo attraverso la scelta degli ingredienti giusti per la propria salute, ma di riflesso anche attraverso queste e molte altre attenzioni al loro trattamento, nella speranza che il contributo a questa pubblicazione ve ne fornisca svariati esempi.

Capitolo 4

DEPURAZIONE PROFONDA

I° MODULO

E adesso inizia il viaggio!
Come vedrete nelle prossime pagine, in questo primo modulo sono riportate una lista di alimenti da evitare e una di cibi permessi, i quali hanno l'obiettivo non solo di depurare, ma anche di regalare un salutare senso di leggerezza – dato da una corretta digestione – e di sgonfiare la pancia. Per questo, almeno nella prima fase, saranno escluse alcune categorie di alimenti, anche se molto sani. Mi riferisco, per esempio, alle verdure a foglia come le lattughe crude. Alcuni potrebbero chiedersi: "Ma come? La lattuga fa benissimo all'organismo e per i primi dieci giorni non posso mangiarla?". Provate a fare la stessa domanda a chi ha appena terminato una bella insalatona! Scommetto che vi dirà che sente la pancia gonfia e dura.

Il senso di gonfiore che sovente si avverte dopo i pasti in molti casi può derivare da una rallentata digestione ed essere la causa di processi fermentativi. Questo fenomeno si chiama meteorismo, un disturbo provocato dalla presenza di gas nell'intestino. Normalmente si verifica per diversi motivi: per esempio a causa di una masticazione frettolosa, ma anche del consumo di verdure a foglia o di frutti come l'anguria e il melone, perché sono tutti ricchi di acqua di vegetazione. Oppure di alimenti particolarmente fibrosi.

Purtroppo, l'attuale alimentazione quotidiana, così frettolosa, così scorretta a volte, è caratterizzata da una presenza sempre minore di verdure. Il nostro intestino non è abituato a digerire le fibre e quindi, quando ci si mette a dieta e se ne mangiano di più, almeno all'inizio è possibile avvertire la fastidiosa sensazione di avere come un palloncino nella pancia. In trent'anni di carriera ho raccolto le testimonianze di moltissime persone con questo problema. Ecco perché il nostro dottor Corrado Pierantoni suggerisce di abituare gradualmente l'intestino all'assunzione di fibre.

Le verdure a foglia, comunque, potranno essere consumate dopo la cottura, a patto che vengano passate con il passaverdura. Questo strumento, a differenza del frullatore o del mixer a immersione, "rompe" le fibre del vegetale evitando il gonfiore addominale.

In questa prima fase eliminiamo anche i legumi; gli alimenti trattati con lieviti chimici (bene, invece, il pane a lievitazione naturale preparato con lievito madre); i dolcificanti artificiali; i vegetali ricchi di fibre e cellulosa, come le foglie di carciofo (di cui, tuttavia, potrà essere consumato il cuore); la cipolla e i vegetali della famiglia delle Crucifere (come broccoli, cavoli, rape...). Sarà necessario, perciò, escludere tutti gli alimenti che possono peggiorare questo sintomo e che hanno un'azione meteorizzante. Tra questi appaiono anche i brodi vegetali e, in generale, gli altri alimenti contenuti nella lista dei cibi da eliminare.

Per una più efficace azione alcalinizzante non abbiamo previsto il caffè a colazione, pasto che sarà sempre uguale per tutti e 30 i giorni (tranne nel giorno vegano). Chi non riesce a fare a meno di questa bevanda, tuttavia, potrà assumerla avendo l'accortezza di non esagerare con l'eritritolo, che ha un'azione dolcificante molto maggiore rispetto allo zucchero bianco. Meglio, comunque, bere il caffè alla fine del pasto per non causare reflusso gastro-esofageo in coloro che ne sono predisposti.

E adesso veniamo agli alimenti permessi: vanno bene la zucca, le zucchine, gli asparagi, gli agretti, i cuori di carciofo (non le foglie, come detto) e insalate tenere come la trocadero, il soncino, la valeriana, la rucola, il lattughino. E, ancora, via libera a carote, finocchi, germogli di soia e rape rosse. Pur trattandosi di un modulo un po' più restrittivo degli altri, è presente una lunga lista di alimenti che, quando possibile, andranno preferiti di stagione, anche se ormai si trovano sui mercati praticamente tutto l'anno.

Cipolla, aglio e sedano andranno utilizzati interi, solo per insaporire. Così come il porro che, se lo vorrete mangiare, dovrà essere passato con il passaverdura.

Per i condimenti, fate attenzione a non utilizzare ingredienti aerofagici come la menta o le erbe e le spezie secche riportate nella lista dei cibi da eliminare. Peperoncino, basilico e prezzemolo potranno invece essere usati con moderazione. Via libera a curcuma e zenzero per la loro azione positiva sulla flora batterica intestinale.

Nel giorno vegano, a colazione potete gustare la saporita crema tahini, da spalmare su una fetta di pane ben tostato. Questa salsa, tipica dei Paesi mediorientali, viene realizzata con semi di sesamo e olio extravergine di oliva o olio di semi di sesamo e possiede proprietà davvero benefiche per il nostro organismo: contiene un'alta dose di antiossidanti protettivi; grazie alla presenza di vitamine e sali minerali sostiene il sistema immunitario; il calcio che contiene è utile nella prevenzione dell'osteoporosi; i grassi insaturi proteggono il sistema cardiocircolatorio. Si acquista già pronta nei grandi supermercati, ma potete prepararla anche in casa facendo tostare dolcemente 100 grammi di semi di sesamo biologici, che poi triterete in un frullatore aggiungendo olio extravergine di oliva a filo fino a raggiungere una consistenza cremosa. Si deve aggiungere anche un pizzico di sale.

Naturalmente, nell'alimentazione quotidiana ricordate di inserire sempre i 10 superfood.

CIBI DA ELIMINARE

- Aceto
- Alcolici
- Bibite gassate e zuccherate
- Cacao e cioccolato
- Confetture e marmellate
- Dadi per brodo (vegetale)
- Frutta: arance, mele, banane, fichi, cocomeri, uva
- Latte, latticini, yogurt, burro, panna e formaggi non delattosati
- Legumi
- Lievito chimico
- Pane preparato con lievito chimico
- Scatolame
- Spezie secche ed erbe aromatiche (soprattutto menta, rosmarino, origano, pepe nero, pepe bianco)
- Verdure: cetrioli, melanzane, peperoni, pomodori e sugo di pomodoro, verdure a foglia e insalata a foglia dura (lattuga soprattutto), foglie di carciofo, cetrioli
- Zuppe di cereali

METODI DI COTTURA

- Assolutamente da evitare sono le cotture con carbonizzazione e le fritture.

- Biscotti senza latte (HD -0,1% di lattosio)
- Curcuma
- Frutta: limoni, mandaranci, clementine, fragole, meloni maturi, frutti di bosco, pesche, albicocche, prugne, susine, ciliegie, lamponi
- Funghi champignon
- Kefir
- Latticini: grana, parmigiano, latte e derivati ad alta digeribilità (HD -0,1% di lattosio) o latte di soia, di mandorla, di riso o di nocciola
- Liquirizia
- Miele
- Odori: cipolla, aglio, sedano (da usare solo interi per insaporire)
- Pane e pizza a lievitazione naturale realizzati con lievito madre
- Pasta
- Porro (passato con passaverdura)
- Prezzemolo, salvia, basilico, erba cipollina, peperoncino
- Riso e patate precedentemente sbollentati
- Semi di lino e noci
- Senape dolce, con moderazione
- Verdure a foglia o fiore (solo passate)
- Verdure: zucca, zucchine, asparagi, agretti, cuori di carciofo (non le foglie, perché potrebbero contribuire al meteorismo intestinale), insalata trocadero, soncino, valeriana, rucola, lattughino, carote, finocchi, germogli di soia, rape rosse
- Vino ricco di resveratrolo (½ bicchiere per la donna, 1 bicchiere per l'uomo, solo a cena)
- Yogurt delattosato o yogurt vegetale
- Zenzero

PER CONDIRE LE INSALATE

- Salsina di olio extravergine di oliva, succo di limone e una puntina di senape dolce.

1° GIORNO

APPENA SVEGLI

1 bicchiere di acqua con succo di limone

COLAZIONE

Colazione dolce o salata

COLAZIONE DOLCE

1 kefir o 1 kefir con semi di lino
OPPURE
1 tazza di latte delattosato (HD), di soia,
di mandorla, di riso o di nocciola
OPPURE
Tè o tisana di bardana dolcificati con eritritolo
+
Bruschetta del dolce buongiorno (vedi ricetta a p. 85)
OPPURE
1 fetta di ciambella preparata con latte delattosato (HD)
e bicarbonato come agente lievitante
OPPURE
2-3 biscotti secchi senza latte
o preparati con latte vegetale
(biscotti S allo zafferano, vedi ricetta a p. 84)

COLAZIONE SALATA

Tè o tisana di bardana
+
1 fetta di pane a lievitazione naturale tostata (40 g)
con una frittatina di 2 albumi e 1 cucchiaino di olio evo
OPPURE
1 fetta di pane a lievitazione naturale tostata (40 g)
con un velo di formaggio spalmabile

SPUNTINO DI METÀ MATTINA

1 frutto tra quelli consentiti
OPPURE
1 yogurt delattosato e 1 misurino di aloe

PRANZO

Antipasto di rucola
Pennette alla crema di zucchine e basilico (vedi ricetta a p. 86)

MERENDA (2 ORE DOPO IL PRANZO)

1 frutto tra quelli consentiti
1 tisana depurativa a base di bardana

CENA

Frittatina di asparagi (vedi ricetta a p. 87)
Contorno di insalata tenera di soncino
1 fetta di pane tostato (40 g)

2 ORE DOPO CENA

2-3 prugne secche
1 tazza di tisana rilassante
Magnesio

BISCOTTI S ALLO ZAFFERANO

INGREDIENTI

100 g di zucchero, 1 g di zafferano,
300 g di farina 00, 1 cucchiaino di bicarbonato
170 g di burro ad alta digeribilità (HD), 2 uova

Iniziate con la preparazione dello zucchero allo zafferano: vi basterà sciogliere la polvere in un goccio d'acqua e aggiungere 100 g di zucchero. Una volta pronto, mettetelo da parte. ■ In una ciotola unite la farina e il bicarbonato. ■ In un'altra lavorate il burro morbido insieme alle uova, poi incorporatevi lo zucchero allo zafferano. ■ Versate gli ingredienti secchi in quelli umidi, e lavorate il composto fino a ottenere un impasto omogeneo. ■ Per ottenere una pasta friabile, dovrete prestare attenzione a non lavorarla troppo a lungo. ■ Stendete l'impasto, formate dei cilindretti e tagliateli a tronchetti, modellandoli poi a S. ■ Disponete i biscotti in una teglia rivestita con carta forno e cuoceteli in forno preriscaldato a 150 °C per 15-20 minuti.

BRUSCHETTA DEL DOLCE BUONGIORNO

INGREDIENTI PER I PORZIONE

30 g di pane integrale con lievito madre
10 g di formaggio spalmabile ad alta digeribilità
3 lamponi freschi, 2 gherigli di noce
1 cucchiaino raso di miele

Accendete il forno a 220 °C. ■ Se avete un filone di pane, tagliatene una fetta da 30 g spessa circa 2 cm, ponetela in una teglia da forno e mettetela a raffreddare in frigorifero. ■ Quando il forno sarà ben caldo, infornate la teglia con il pane freddo: in questo modo, in pochi minuti la fetta risulterà croccante fuori e ancora morbida all'interno. ■ Sfornate il pane, disponetelo su un piatto e ricoprite la superficie con il formaggio spalmabile. ■ Infine, guarnite con i lamponi freschi tagliati a metà, i gherigli di noce tritati e distribuite un filo di miele sulla superficie della bruschetta.

PENNETTE ALLA CREMA
DI ZUCCHINE E BASILICO

INGREDIENTI PER 1 PORZIONE

150 g di zucchine, 1 spicchio di aglio
70 g di pennette rigate, 2 foglie di basilico fresco
1 cucchiaio di olio extravergine di oliva, sale

Mondate e lavate le zucchine. Tagliatele a metà nel senso della lunghezza e, aiutandovi con lo strumento apposito o un cucchiaino, scavatele leggermente per rimuovere i semi, specialmente se utilizzate zucchine di grandi dimensioni. ■ Tagliatele a cubetti e mettetele in una ciotola. Conditele con un pizzico di sale, mescolando per farlo sciogliere, e in seguito con l'olio, mescolando nuovamente, come se si stesse preparando un'insalata. ■ Portate una padella sul fuoco, fatela scaldare e versatevi all'interno le zucchine condite, unendo lo spicchio d'aglio intero. ■ Cuocete coperto per mantenere il vapore all'interno della camera di cottura. ■ Nel frattempo mettete a cuocere la pasta in abbondante acqua bollente salata. ■ Quando le zucchine saranno cotte, rimuovete lo spicchio d'aglio e trasferitele in un recipiente. Aggiungetevi un po' d'acqua di cottura della pasta e le foglie di basilico spezzettate con le mani. ■ Passate il tutto con un mixer da cucina o un frullatore a immersione: dovrete ottenere una crema. ■ Scolate la pasta, conditela fuori dal fuoco con la crema di zucchine e servitela ben calda.

FRITTATINA DI ASPARAGI

INGREDIENTI PER I PORZIONE

120 g di asparagi verdi, 2 uova fresche
1 cucchiaino di formaggio grana
2 cucchiai di olio extravergine di oliva, sale

Lavate e asciugate delicatamente gli asparagi. Tagliate le punte e sbollentatele in acqua leggermente salata per un paio di minuti. Scolatele e tenetele da parte. ■ Con un pelapatate sbucciate i gambi per rimuoverne la parte esterna più coriacea e tagliateli a losanghe. ■ Mettete gli asparagi in una ciotola e conditeli con sale e un cucchiaio di olio, mescolando il tutto come si trattasse di una insalata. ■ Fate scaldare un padellino e saltatevi l'insalata di asparagi. ■ Nel frattempo, in una ciotola, sbattete le uova e conditele con un cucchiaino di formaggio grana per insaporirle. ■ Quando gli asparagi risulteranno cotti ma ancora croccanti, uniteli caldi alle uova sbattute, mescolando velocemente con una frusta per omogeneizzare la temperatura del composto. ■ Portate sul fuoco una padella e ungetela con l'altro cucchiaio d'olio; lasciate scaldare, poi versatevi il composto di uova e asparagi, coprendo e lasciando cuocere a fiamma dolcissima. ■ A metà cottura girate la frittata e lasciate sul fuoco ancora per un paio di minuti. ■ Una volta pronta, trasferite la frittatina in un piatto e lasciatela riposare per qualche minuto prima di servirla.

2° GIORNO

APPENA SVEGLI

1 bicchiere di acqua con succo di limone

COLAZIONE

Colazione dolce o salata

COLAZIONE DOLCE

1 kefir con semi di lino
OPPURE
1 tazza di latte delattosato (HD), di soia,
di mandorla, di riso o di nocciola
OPPURE
Tè o tisana di bardana dolcificati con eritritolo
+
Bruschetta del dolce buongiorno (vedi ricetta a p. 85)
OPPURE
1 fetta di ciambella preparata con latte delattosato (HD)
e bicarbonato come agente lievitante
OPPURE
2-3 biscotti secchi senza latte
o preparati con latte vegetale (vedi ricetta a p. 84)

COLAZIONE SALATA

Tè o tisana di bardana
+
1 fetta di pane a lievitazione naturale tostata (40 g)
con una frittatina di 2 albumi e 1 cucchiaino di olio evo
OPPURE
1 fetta di pane a lievitazione naturale tostata (40 g)
con un velo di formaggio spalmabile

SPUNTINO DI METÀ MATTINA

1 frutto tra quelli consentiti
OPPURE
1 yogurt delattosato e 1 misurino di aloe

PRANZO

Antipasto di finocchi e carote
Riso dei Verdi (vedi ricetta a p. 90)

MERENDA (2 ORE DOPO IL PRANZO)

1 frutto tra quelli consentiti
1 tisana depurativa a base di bardana

CENA

Burger di patate e lupini (vedi ricetta a p. 91)
1 fetta di pane con lievito madre tostata (40 g)

2 ORE DOPO CENA

2-3 prugne secche
1 tazza di tisana rilassante
Magnesio

RISO DEI VERDI

INGREDIENTI PER 1 PORZIONE

¼ di cipolla bianca
80 g di spinaci freschi mondati e lavati
80 g di bietole fresche mondate e lavate
300 ml di acqua, 70 g di riso
30 g di stracchino di riso
olio extravergine di oliva, sale

Iniziate la preparazione mettendo a tostare la cipolla intera in una casseruola senza aggiunta di grassi. Quando sarà imbiondita, aggiungete gli spinaci, le bietole, l'acqua e un pizzico di sale. ■ Lasciate cuocere il tutto per 10 minuti, finché le verdure non saranno morbide e ben appassite. ■ A questo punto togliete la casseruola dal fuoco, eliminate la cipolla e passate le verdure cotte al passaverdura con la loro acqua. ■ Trasferite le verdure passate nuovamente nella casseruola. ■ A parte, lavorate il riso con un cucchiaino d'olio e poi aggiungetelo nella casseruola versandolo in modo omogeneo lungo i bordi. Riportate la casseruola sul fuoco e lasciate cuocere coperto senza mai mescolare, finché il riso non sarà cotto. ■ Servite la minestra condendola con un filo di olio extravergine di oliva e un cucchiaio di stracchino di riso.

BURGER DI PATATE E LUPINI

INGREDIENTI PER I PORZIONE

200 g di patate (2 piccole)
1 tuorlo d'uovo, prezzemolo
70 g di lupini sgusciati, sale

Scegliete patate possibilmente della stessa grandezza, per consentire una cottura omogenea. Lavatele molto bene e mettetele in una casseruola, coprendole con acqua fredda e aggiungendo un po' di sale. ■ Fate cuocere le patate a fuoco dolce fin quando non saranno cotte. Una volta pronte, scolatele e sbucciatele ancora calde. ■ Passatele poi allo schiacciapatate. ■ Trasferite la purea in un recipiente e lasciatela intiepidire, quindi aggiungetevi il tuorlo d'uovo, il prezzemolo tritato finemente al momento e i lupini sgusciati e tritati grossolanamente al coltello. Mescolate il tutto fino a ottenere un composto omogeneo. ■ Utilizzate il composto di patate e lupini per formare un burger, aiutandovi eventualmente con un cerchio tagliapasta rotondo. ■ Potete scegliere di cuocere il burger vegetale in forno preriscaldato a 160 °C in una teglia rivestita con carta forno, senza aggiunta di grassi, o in alternativa in padella, ungendo il fondo con un velo d'olio extravergine di oliva.

3° GIORNO

APPENA SVEGLI

1 bicchiere di acqua con succo di limone

COLAZIONE

Colazione dolce o salata

COLAZIONE DOLCE

1 kefir con semi di lino
OPPURE
1 tazza di latte delattosato (HD), di soia,
di mandorla, di riso o di nocciola
OPPURE
Tè o tisana di bardana dolcificati con eritritolo
+
Bruschetta del dolce buongiorno (vedi ricetta a p. 85)
OPPURE
1 fetta di ciambella preparata con latte delattosato (HD)
e bicarbonato come agente lievitante
OPPURE
2-3 biscotti secchi senza latte
o preparati con latte vegetale (vedi ricetta a p. 84)

COLAZIONE SALATA

Tè o tisana di bardana
+
1 fetta di pane a lievitazione naturale tostata (40 g)
con una frittatina di 2 albumi e 1 cucchiaino di olio evo
OPPURE
1 fetta di pane a lievitazione naturale tostata (40 g)
con un velo di formaggio spalmabile

SPUNTINO DI METÀ MATTINA

1 frutto tra quelli consentiti

OPPURE

1 yogurt delattosato e 1 misurino di aloe

PRANZO

Antipasto di valeriana

Spaghetti in salsa di limone, noci e basilico (vedi ricetta a p. 94)

MERENDA (2 ORE DOPO IL PRANZO)

1 frutto tra quelli consentiti

1 tisana depurativa a base di bardana

CENA

100 g di formaggio light (per esempio primo sale)

Asparagi saltati all'aglio e peperoncino (vedi ricetta a p. 95)

1 fetta di pane con lievito madre tostata (40 g)

2 ORE DOPO CENA

2-3 prugne secche

1 tazza di tisana rilassante

Magnesio

SPAGHETTI IN SALSA DI LIMONE, NOCI E BASILICO

INGREDIENTI PER 1 PORZIONE

Scorza e succo di ½ limone,
20 g di gherigli di noce, 20 g di formaggio grana
70 g di spaghetti, 2 foglie di basilico
2 cucchiai di olio extravergine di oliva, sale

Sbollentate la scorza di limone per circa 20 secondi, poi scolatela e tagliatela a pezzetti. ■ In un recipiente riunite il succo di limone con tutti gli altri ingredienti (tranne l'olio) tritati al coltello. ■ Frullate a immersione, per pochi secondi, per emulsionare il tutto. ■ In seguito, frullando a intermittenza, unite l'olio a filo. ■ In ultimo, correggete la preparazione con un pizzico di sale. ■ Utilizzate la salsa ottenuta per condire gli spaghetti, ricordando di non ripassare la salsa in padella così da mantenere intatti profumi, sapori, consistenza e proprietà salutari.

ASPARAGI SALTATI ALL'AGLIO E PEPERONCINO

INGREDIENTI PER 1 PORZIONE

150 g di asparagi verdi
1 spicchio di aglio, ½ peperoncino fresco
1 cucchiaio di olio extravergine di oliva, sale

Lavate e asciugate delicatamente gli asparagi. ■ Rimuovetene le punte intere, e tagliatele a metà nel senso della lunghezza. ■ Sbucciate i gambi con l'aiuto di un pelapatate per eliminare la parte esterna più coriacea, e tagliateli a losanghe spesse. ■ Tagliate lo spicchio d'aglio a metà nel senso della lunghezza e strofinate le pareti di una ciotola per conferire sapore agli asparagi. ■ Trasferite gli asparagi e le punte nella ciotola, conditeli con un pizzico di sale e poi con l'olio, e mescolate. ■ Mettete a scaldare una piccola padella e versatevi l'insalata di asparagi. ■ Fate andare a fiamma media per un minuto, poi coprite e lasciate cuocere. ■ Solo al termine della preparazione scoprite la padella e unite agli asparagi il peperoncino fresco tagliato finemente, saltando il tutto. Trasferite infine in un piatto da portata.

4° GIORNO

APPENA SVEGLI

1 bicchiere di acqua con succo di limone

COLAZIONE

Colazione dolce o salata

COLAZIONE DOLCE

1 kefir con semi di lino
OPPURE
1 tazza di latte delattosato (HD), di soia,
di mandorla, di riso o di nocciola
OPPURE
Tè o tisana di bardana dolcificati con eritritolo
+
Bruschetta del dolce buongiorno (vedi ricetta a p. 85)
OPPURE
1 fetta di ciambella preparata con latte delattosato (HD)
e bicarbonato come agente lievitante
OPPURE
2-3 biscotti secchi senza latte
o preparati con latte vegetale (vedi ricetta a p. 84)

COLAZIONE SALATA

Tè o tisana di bardana
+
1 fetta di pane a lievitazione naturale tostata (40 g)
con una frittatina di 2 albumi e 1 cucchiaino di olio evo
OPPURE
1 fetta di pane a lievitazione naturale tostata (40 g)
con un velo di formaggio spalmabile

SPUNTINO DI METÀ MATTINA

1 frutto tra quelli consentiti
OPPURE
1 yogurt delattosato e 1 misurino di aloe

PRANZO

Antipasto di insalata di zucchine alla julienne
Farfalle alla crema di parmigiano
ed erba cipollina (vedi ricetta a p. 98)

MERENDA (2 ORE DOPO IL PRANZO)

1 frutto tra quelli consentiti
1 tisana depurativa a base di bardana

CENA

Riso alla crema di zucchine,
asparagi e carote (vedi ricetta a p. 99)
Insalata tenera

2 ORE DOPO CENA

2-3 prugne secche
1 tazza di tisana rilassante
Magnesio

FARFALLE ALLA CREMA DI PARMIGIANO ED ERBA CIPOLLINA

INGREDIENTI PER I PORZIONE

35 ml di latte scremato delattosato
15 g di parmigiano grattugiato
1 cucchiaino di succo di limone
70 g di farfalle, erba cipollina

Mescolate il latte e il parmigiano in una ciotolina e ponete il tutto a riposare in frigorifero per almeno 3 ore. ■ In seguito, mettete a scaldare una pentola con abbondante acqua per la pasta. ■ Prendete la crema di latte e parmigiano, aggiungetevi il succo di limone, lavorate con cura e mettete la ciotolina a scaldare a bagnomaria, mescolando di tanto in tanto. ■ Nel frattempo, fate cuocere la pasta. Una volta pronta, scolatela bene direttamente nella crema di parmigiano, avendo cura di eseguire questa operazione a fuoco spento. ■ Spolverate il piatto con una presa di erba cipollina tritata al momento e servite.

RISO ALLA CREMA DI ZUCCHINE, ASPARAGI E CAROTE

INGREDIENTI PER 1 PORZIONE

1 litro di acqua, 100 g di zucchine
40 g di sedano, ½ cipollotto, 50 g di carote
80 g di asparagi verdi, 60 g di riso
1 cucchiaio di olio extravergine di oliva, sale

Portate sul fuoco una pentola con l'acqua. ■ Mondate e lavate le verdure: mantenete interi le zucchine, il sedano, il mezzo cipollotto e le carote pelate; tagliate gli asparagi a pezzettoni. ■ Quando l'acqua avrà preso il bollore, salatela leggermente, abbassate il fuoco al minimo e tuffatevi le verdure, lasciandole cuocere. ■ Una volta pronte, eliminate il sedano e il cipollotto, scolate le altre verdure conservando tutto il brodo di cottura e frullatele a immersione, aggiungendo brodo gradualmente fino a ottenere la consistenza di una crema. ■ Procedete adesso con la bollitura del riso in abbondante acqua salata. ■ Quando sarà cotto, scolatelo e trasferitelo in un piatto con la crema di verdure. Questa è una minestra salutare, ottima condita con olio extravergine a crudo.

5° GIORNO
GIORNO VEGANO

APPENA SVEGLI

1 bicchiere di acqua con succo di limone

COLAZIONE

1 tazza di latte vegetale di soia,
di mandorla, di riso o di nocciola
OPPURE
Tè o tisana di bardana dolcificati con eritritolo
+
1 fetta di pane a lievitazione naturale tostata (40 g)
con un velo di crema tahini

SPUNTINO DI METÀ MATTINA

1 centrifugato detox con 1 cucchiaio di moringa
OPPURE
1 yogurt vegetale e 1 misurino di aloe

PRANZO

Antipasto di insalata di germogli di soia
Purea di ceci alla salvia con crostini (vedi ricetta a p. 102)

MERENDA (2 ORE DOPO IL PRANZO)

1 frutto tra quelli consentiti
1 tisana depurativa a base di bardana

CENA

Vellutata di zucca con tofu e semi di lino (vedi ricetta a p. 103)
1 fetta di pane con lievito madre tostata (40 g)

2 ORE DOPO CENA

2-3 prugne secche
1 tazza di tisana rilassante
Magnesio

PUREA DI CECI ALLA SALVIA CON CROSTINI

INGREDIENTI PER 1 PORZIONE

60 g di ceci secchi, 300 ml di acqua
3 foglie di salvia, 30 g di sedano
olio extravergine di oliva, sale

Mettete a bagno i ceci in acqua fredda, lasciandoli reidratare per almeno 6 ore. ◼ Quindi scolateli e trasferiteli in una piccola pentola, copriteli con i 300 ml di acqua e unite la salvia e il sedano (lasciandolo intero). ◼ Cuocete i ceci, coperti, a fuoco dolcissimo, togliendo il coperchio solo quando avranno preso il bollore, che non deve mai essere troppo forte. ◼ Aggiungete il sale solo al termine della cottura. ◼ Una volta pronti, lasciate raffreddare i ceci nell'acqua di cottura. ◼ Scolateli (conservando l'acqua), rimuovete il sedano e le foglie di salvia e passateli al passaverdura. ◼ Se necessario, unite alla preparazione un po' di acqua di cottura per renderla più morbida. ◼ Servite la purea di ceci con un cucchiaio di olio extravergine a crudo e crostini di pane tostato.

VELLUTATA DI ZUCCA CON TOFU E SEMI DI LINO

INGREDIENTI PER I PORZIONE

*40 g di patate già pulite, 130 g di zucca già pulita
120 g di tofu a cubetti, semi di lino
olio extravergine di oliva, sale*

Tagliate le patate e la zucca a cubetti. ■ Sbollentate le patate per 30 secondi. ■ Una volta scolate, trasferitele in una casseruola aggiungendovi un cucchiaio di olio extravergine di oliva. ■ Lasciate cuocere per un paio di minuti a fiamma media, poi abbassate al minimo, aggiungete un mestolino d'acqua e coprite la casseruola, lasciando che le patate si ammorbidiscano dolcemente. ■ Dopo qualche minuto di cottura aggiungete anche la zucca, e lasciate stufare, sempre coperto. ■ Quando le verdure saranno cotte, togliete la casseruola dal fuoco, aggiungetevi un mestolino d'acqua calda e passate il tutto al passaverdura; dovrete ottenere una vellutata dalla consistenza fine. ■ Trasferite la vellutata in un piatto fondo e servitela accompagnata dal tofu a cubetti e da una presa di semi di lino.

6° GIORNO

APPENA SVEGLI

1 bicchiere di acqua con succo di limone

COLAZIONE

Colazione dolce o salata

COLAZIONE DOLCE

1 kefir con semi di lino

OPPURE

1 tazza di latte delattosato (HD), di soia,
di mandorla, di riso o di nocciola

OPPURE

Tè o tisana di bardana dolcificati con eritritolo

+

Bruschetta del dolce buongiorno (vedi ricetta a p. 85)

OPPURE

1 fetta di ciambella preparata con latte delattosato (HD)
e bicarbonato come agente lievitante

OPPURE

2-3 biscotti secchi senza latte
o preparati con latte vegetale (vedi ricetta a p. 84)

COLAZIONE SALATA

Tè o tisana di bardana

+

1 fetta di pane a lievitazione naturale tostata (40 g)
con una frittatina di 2 albumi e 1 cucchiaino di olio evo

OPPURE

1 fetta di pane a lievitazione naturale tostata (40 g)
con un velo di formaggio spalmabile

SPUNTINO DI METÀ MATTINA

1 frutto tra quelli consentiti

OPPURE

1 yogurt delattosato e 1 misurino di aloe

PRANZO

Antipasto di insalata di finocchi
Riso al porro e parmigiano (vedi ricetta a p. 106)

MERENDA (2 ORE DOPO IL PRANZO)

1 frutto tra quelli consentiti
1 tisana depurativa a base di bardana

CENA

Involtini di zucchine e mozzarella
alla rucola e peperoncino (vedi ricetta a p. 107)
1 fetta di pane con lievito madre tostata (40 g)

2 ORE DOPO CENA

2-3 prugne secche
1 tazza di tisana rilassante
Magnesio

Depurazione profonda

RISO AL PORRO E PARMIGIANO

INGREDIENTI PER I PORZIONE

*Foglie esterne di una lattuga, 80 g di porro
70 g di riso superfino, 20 ml di panna di soia
2 cucchiaini di parmigiano grattugiato
2 cucchiai di olio extravergine di oliva, sale*

Per prima cosa, preparate il brodo di lattuga immergendo le foglie ester-ne di una lattuga ben lavate in 400 ml di acqua. Portate a bollore lenta-mente e fate cuocere a fuoco molto dolce, con il coperchio, per almeno 2 ore. ■ Dedicatevi ora alla preparazione del porro: mondatelo, lava-telo e tagliatelo finemente. ■ Ponetelo in una ciotola e conditelo con un pizzico di sale, mescolando bene per farlo sciogliere, e poi con un cuc-chiaio d'olio, mescolando ancora. ■ Mettete il porro in un pentolino, co-pritelo e lasciatelo stufare a fiamma dolcissima, aggiungendo poca acqua all'occorrenza. ■ Quando il porro sarà cotto, passatelo al passaverdu-ra. ■ A questo punto, preparate il riso: in una piccola casseruola versate il secondo cucchiaio d'olio e unitevi il riso, lasciandolo tostare mescolan-do di tanto in tanto, finché i chicchi non risulteranno traslucidi. ■ Inizia-te a bagnare il riso gradualmente con il brodo di lattuga, cuocendolo per assorbimento del liquido. ■ Due minuti prima del termine della cottura aggiungete al riso la crema di porro. ■ A cottura ultimata, togliete dal fuoco e mantecate con la panna di soia e i 2 cucchiaini di parmigiano grattugiato. Servite il riso all'onda ben caldo.

INVOLTINI DI ZUCCHINE E MOZZARELLA ALLA RUCOLA E PEPERONCINO

INGREDIENTI PER I PORZIONE

1 zucchina (150 g circa)
120 g di mozzarella senza lattosio
rucola, ½ peperoncino fresco
olio extravergine di oliva, sale

Mondate e lavate la zucchina. ■ Tagliatela a fette di circa 3 mm di spessore (nel senso della lunghezza). ■ Sistemate le fette in una teglia e cospargetele con poco sale da entrambi i lati, lasciandole riposare per 3-5 minuti perché lo assorbano. ■ Con un pennello da cucina ungete le fette di zucchina con poco olio extravergine da entrambi i lati. ■ Procedete alla cottura utilizzando una griglia ben calda. ■ Una volta pronte, mettetele da parte e lasciatele raffreddare. ■ Preparate ora la farcitura: scolate la mozzarella dal suo liquido di governo, spezzettatela in un recipiente e frullate il composto fino a renderlo cremoso. ■ Condite la mozzarella con le foglie di rucola e il peperoncino tritati al coltello e mescolate bene per ottenere un composto omogeneo. ■ Distribuite una piccola quantità di composto su ciascuna fetta di zucchina e arrotolatele formando gli involtini.

7° GIORNO

APPENA SVEGLI

1 bicchiere di acqua con succo di limone

COLAZIONE

Colazione dolce o salata

COLAZIONE DOLCE

1 kefir con semi di lino
OPPURE
1 tazza di latte delattosato (HD), di soia,
di mandorla, di riso o di nocciola
OPPURE
Tè o tisana di bardana dolcificati con eritritolo

+

Bruschetta del dolce buongiorno (vedi ricetta a p. 85)
OPPURE
1 fetta di ciambella preparata con latte delattosato (HD)
e bicarbonato come agente lievitante
OPPURE
2-3 biscotti secchi senza latte
o preparati con latte vegetale (vedi ricetta a p. 84)

COLAZIONE SALATA

Tè o tisana di bardana

+

1 fetta di pane a lievitazione naturale tostata (40 g)
con una frittatina di 2 albumi e 1 cucchiaino di olio evo
OPPURE
1 fetta di pane a lievitazione naturale tostata (40 g)
con un velo di formaggio spalmabile

SPUNTINO DI METÀ MATTINA

1 frutto tra quelli consentiti
OPPURE
1 yogurt delattosato e 1 misurino di aloe

PRANZO

Antipasto di insalata soncino
Spaghetti agli asparagi,
salvia e tuorlo mimosa (vedi ricetta a p. 110)

MERENDA (2 ORE DOPO IL PRANZO)

1 frutto tra quelli consentiti
1 tisana depurativa a base di bardana

CENA

Insalata di valeriana con 5-6 arachidi e scaglie di parmigiano
Fettuccine di zucchine e carote
con semi di lino (vedi ricetta a p. 111)
1 fetta di pane con lievito madre tostata (40 g)

2 ORE DOPO CENA

2-3 prugne secche
1 tazza di tisana rilassante
Magnesio

SPAGHETTI AGLI ASPARAGI, SALVIA E TUORLO MIMOSA

INGREDIENTI PER 1 PORZIONE

120 g di asparagi verdi, 2 foglie di salvia
70 g di spaghetti, 1 tuorlo d'uovo sodo
1 cucchiaio di olio extravergine di oliva, sale

Lavate e asciugate con cura gli asparagi. ■ Tagliate delicatamente le punte e sbollentatele in acqua leggermente salata per un paio di minuti. Scolatele e mettetele da parte. ■ Eliminate la porzione terminale dei gambi, poi con un pelapatate rimuovete la parte esterna più coriacea e tagliateli a losanghe. ■ Trasferite losanghe e punte in una ciotola e condite il tutto con un pizzico di sale e l'olio, mescolando bene. ■ Portate sul fuoco una piccola padella e versatevi gli asparagi conditi. ■ Unite le foglie di salvia una volta iniziata la cottura, coprite e lasciate andare dolcemente, finché non saranno cotti ma ancora croccanti. ■ Nel frattempo, mettete a cuocere gli spaghetti in abbondante acqua bollente salata. ■ A parte, schiacciate il tuorlo sodo al setaccio o fatelo passare attraverso le maglie di un passino, raccogliendolo in una ciotolina. ■ Quando gli spaghetti saranno pronti, scolateli e ripassateli fuori dal fuoco negli asparagi cotti precedentemente (avendo cura di eliminare prima le foglie di salvia). ■ Servite gli spaghetti agli asparagi cosparsi con il tuorlo mimosa.

FETTUCCINE DI ZUCCHINE E CAROTE CON SEMI DI LINO

INGREDIENTI PER 1 PORZIONE

100 g di zucchine
100 g di carote, semi di lino
1 cucchiaio di olio extravergine di oliva, sale

Mondate e lavate le zucchine; lavate anche le carote, dopo averle pelate accuratamente. ■ Aiutandovi con il pelapatate, ricavate delle fettine sottilissime dai vegetali. ■ Riunite le "fettuccine" di zucchine e carote in una ciotola, e conditele prima con un pizzico di sale, mescolando bene, e poi con l'olio. ■ Portate una padella antiaderente sul fuoco, e una volta calda versatevi le fettuccine di verdure condite, lasciandole cuocere per non più di 3-4 minuti, mescolando di tanto in tanto. ■ Servite le fettuccine di verdure ben calde, cospargendole con una manciata di semi di lino.

8° GIORNO

APPENA SVEGLI

1 bicchiere di acqua con succo di limone

COLAZIONE

Colazione dolce o salata

COLAZIONE DOLCE

1 kefir con semi di lino
OPPURE
1 tazza di latte delattosato (HD), di soia,
di mandorla, di riso o di nocciola
OPPURE
Tè o tisana di bardana dolcificati con eritritolo
+
Bruschetta del dolce buongiorno (vedi ricetta a p. 85)
OPPURE
1 fetta di ciambella preparata con latte delattosato (HD)
e bicarbonato come agente lievitante
OPPURE
2-3 biscotti secchi senza latte
o preparati con latte vegetale (vedi ricetta a p. 84)

COLAZIONE SALATA

Tè o tisana di bardana
+
1 fetta di pane a lievitazione naturale tostata (40 g)
con una frittatina di 2 albumi e 1 cucchiaino di olio evo
OPPURE
1 fetta di pane a lievitazione naturale tostata (40 g)
con un velo di formaggio spalmabile

SPUNTINO DI METÀ MATTINA

1 frutto tra quelli consentiti
OPPURE
1 yogurt delattosato e 1 misurino di aloe

PRANZO

Antipasto di carciofi crudi e succo di limone
Crema di fave e cicoria (vedi ricetta a p. 114)

MERENDA (2 ORE DOPO IL PRANZO)

1 frutto tra quelli consentiti
1 tisana depurativa a base di bardana

CENA

Frittatina di patate grattugiate al prezzemolo (vedi ricetta a p. 115)
Insalata trocadero con 2 noci
1 fetta di pane con lievito madre tostata (40 g)

2 ORE DOPO CENA

2-3 prugne secche
1 tazza di tisana rilassante
Magnesio

CREMA DI FAVE E CICORIA

INGREDIENTI PER 1 PORZIONE

70 g di fave secche, 300 ml di acqua
30 g di cipolla, 70 g di cicoria bollita
1 cucchiaino di olio extravergine di oliva, sale

Mettete le fave secche a bagno in acqua fredda, lasciandole reidratare per almeno 8 ore. ■ Scolatele dall'acqua di reidratazione e trasferitele in una piccola pentola. Ricopritele con i 300 ml di acqua e unite la cipolla (senza tritarla) per aromatizzarle. ■ Cuocetele a fuoco dolcissimo, coperte, scoprendo solo quando avranno preso il bollore, che non deve essere mai troppo forte. Aggiungete il sale solo al termine della cottura. ■ Quando le fave saranno pronte, eliminate la cipolla, scolatele con una schiumarola, passatele in un passaverdura a buchi stretti insieme a un mestolino di acqua di cottura. Infine, passate al passaverdura anche la cicoria bollita e unitela alla crema di fave. ■ Servite la crema in un piatto fondo, condendola con l'olio a crudo.

FRITTATINA DI PATATE GRATTUGIATE AL PREZZEMOLO

INGREDIENTI PER 1 PORZIONE

200 g di patate, 2 uova fresche
30 ml di latte scremato delattosato, 2 ciuffi di prezzemolo
1 cucchiaio di olio extravergine di oliva, sale

Lavate le patate, sbucciatele con un pelapatate e risciacquatele bene. ■ Grattugiatele con una grattugia a fori larghi, raccogliendole in un recipiente. ■ A parte, in una ciotola, sbattete le uova con una frusta, salatele leggermente e aggiungetevi il latte e il prezzemolo tritato al momento. ■ Mettete a scaldare una pentola con acqua leggermente salata, e una volta fumante sbollentatevi le patate per 15-20 secondi. ■ Scolatele quindi con una schiumarola e trasferitele nel composto d'uova, in modo da scaldarlo prima di metterlo a cuocere. ■ Portate sul fuoco una padellina antiaderente e ungetela con l'olio; lasciate scaldare e versatevi il composto di uova e patate, livellandolo bene. Coprite con un coperchio. ■ Lasciate cuocere la frittatina a fiamma dolcissima e, a metà cottura, giratela sull'altro lato. ■ Una volta pronta, trasferite la frittatina di patate al prezzemolo in un piatto e lasciatela riposare brevemente prima di servirla.

9° GIORNO

APPENA SVEGLI

1 bicchiere di acqua con succo di limone

COLAZIONE

Colazione dolce o salata

COLAZIONE DOLCE

1 kefir con semi di lino

OPPURE

1 tazza di latte delattosato (HD), di soia,
di mandorla, di riso o di nocciola

OPPURE

Tè o tisana di bardana dolcificati con eritritolo

+

Bruschetta del dolce buongiorno (vedi ricetta a p. 85)

OPPURE

1 fetta di ciambella preparata con latte delattosato (HD)
e bicarbonato come agente lievitante

OPPURE

2-3 biscotti secchi senza latte
o preparati con latte vegetale (vedi ricetta a p. 84)

COLAZIONE SALATA

Tè o tisana di bardana

+

1 fetta di pane a lievitazione naturale tostata (40 g)
con una frittatina di 2 albumi e 1 cucchiaino di olio evo

OPPURE

1 fetta di pane a lievitazione naturale tostata (40 g)
con un velo di formaggio spalmabile

SPUNTINO DI METÀ MATTINA

1 frutto tra quelli consentiti
OPPURE
1 yogurt delattosato e 1 misurino di aloe

PRANZO

Antipasto di insalata di rucola
Fusilli ai funghi e agretti (vedi ricetta a p. 118)

MERENDA (2 ORE DOPO IL PRANZO)

1 frutto tra quelli consentiti
1 tisana depurativa a base di bardana

CENA

120 g di bistecca di soia
OPPURE
120 g di mozzarella o altro formaggio fresco
Crema di carote al forno con estratto
al prezzemolo e finocchio (vedi ricetta a p. 119)
1 fetta di pane con lievito madre tostata (40 g)

2 ORE DOPO CENA

2-3 prugne secche
1 tazza di tisana rilassante
Magnesio

FUSILLI AI FUNGHI E AGRETTI

INGREDIENTI PER I PORZIONE

150 g di funghi champignon freschi
15 ml di succo di limone, 1 spicchio di aglio
40 g di agretti, 70 g di fusilli
olio extravergine di oliva, sale

Mondate i funghi e sciacquateli velocemente sotto acqua corrente (non lasciateli mai a bagno: si impregnerebbero eccessivamente di acqua), avendo cura di rimuovere bene i residui terrosi. ■ Tagliateli a fette sottili, trasferiteli in una ciotola e conditeli prima con una presa di sale, poi con il succo di limone e infine con un cucchiaio di olio. È preferibile che i funghi siano piccoli in quanto più teneri e profumati, meno spugnosi all'interno, con un sapore che si adatta alle note gustative globali del piatto. ■ Mettete una padellina antiaderente sul fuoco, e una volta calda versatevi i funghi in insalata, unendo lo spicchio d'aglio intero schiacciato. Lasciateli stufare, coperti, senza farli rosolare eccessivamente. ■ Grazie all'utilizzo preliminare del succo di limone, gli champignon non si scuriranno ma manterranno il proprio colore chiaro. ■ A cottura ultimata i funghi saranno saporiti, biondi e croccanti. ■ A parte, mondate gli agretti, lavateli con cura e tagliateli in piccoli pezzi. ■ Cuocete i fusilli in abbondante acqua salata e un minuto prima del termine della cottura unitevi gli agretti. ■ Una volta che fusilli e agretti saranno pronti, scolateli e ripassateli fuori dal fuoco nel condimento ai funghi, servendoli ben caldi.

CREMA DI CAROTE AL FORNO CON ESTRATTO AL PREZZEMOLO E FINOCCHIO

INGREDIENTI PER 1 PORZIONE

150 g di carote, 5 ciuffi di prezzemolo
40 g di finocchio
1 cucchiaio di olio extravergine di oliva, sale

Iniziate con la preparazione delle carote: mondatele, pelatele accuratamente, lavatele e asciugatele bene. ■ Richiudetele strette in un foglio di alluminio da cucina e sistematele in una teglia. ■ Cuocete le carote in forno preriscaldato a 100 °C, finché non risulteranno morbide e cedevoli. ■ Una volta pronte, passatele allo schiacciapatate. ■ In un pentolino diluite la purea di carote con poca acqua: dovrà avere la consistenza di una crema. ■ A parte, utilizzando una centrifuga, o ancor meglio un estrattore, ottenete il succo fresco di prezzemolo e finocchio. ■ Unite al succo il cucchiaio di olio extravergine, mescolate bene e irrorate la crema calda in superficie prima di servirla.

10° GIORNO
GIORNO VEGANO

APPENA SVEGLI
1 bicchiere di acqua con succo di limone

COLAZIONE
1 tazza di latte vegetale di soia, di mandorla, di riso o di nocciola
OPPURE
Tè o tisana di bardana dolcificati con eritritolo
+
1 fetta di pane a lievitazione naturale tostata (40 g)
con un velo di crema tahini

SPUNTINO DI METÀ MATTINA
1 centrifugato detox con 1 cucchiaio di moringa
OPPURE
1 yogurt vegetale e 1 misurino di aloe

PRANZO
Antipasto di insalata tenera
Farfalline alla crema di carciofi (vedi ricetta a p. 122)

MERENDA (2 ORE DOPO IL PRANZO)
1 frutto tra quelli consentiti
1 tisana depurativa a base di bardana o bevanda di aloe

CENA

Passato di piselli e valeriana
con germogli di soia (vedi ricetta a p. 123)
1 fetta di pane con lievito madre tostata (40 g)

2 ORE DOPO CENA

2-3 prugne secche
1 tazza di tisana rilassante
Magnesio

FARFALLINE ALLA CREMA DI CARCIOFI

INGREDIENTI PER I PORZIONE

3 cuori di carciofo, succo di 1 limone
1 spicchio di aglio, 60 g di farfalline
olio extravergine di oliva, sale

Tagliate i cuori di carciofo a metà e rimuovete l'eventuale fieno interno aiutandovi con uno scavino o un coltellino. Tagliateli poi in quarti e conditeli in una ciotola con il succo di limone, mescolando bene, e con un cucchiaio di olio. ■ Trasferite i carciofi conditi in una piccola casseruola, unitevi lo spicchio d'aglio intero schiacciato e irrorateli con un mestolino d'acqua. ■ Lasciate stufare, coperto, a fiamma media. ■ Quando saranno cotti e morbidi, toglieteli dal fuoco, eliminate lo spicchio d'aglio, e trasferiteli in un recipiente. Frullateli a immersione ottenendo una crema. ■ Cuocete le farfalline in abbondante acqua salata. ■ Una volta pronte, scolatele e conditele con la crema di carciofi, senza ripassarle sul fuoco.

PASSATO DI PISELLI E VALERIANA CON GERMOGLI DI SOIA

INGREDIENTI PER 1 PORZIONE

60 g di piselli freschi sgranati, 30 g di valeriana
20 g di cipolla, 150 ml di acqua
15 g di germogli di soia
1 cucchiaio di olio extravergine di oliva, sale

Iniziate la preparazione riunendo i piselli con la valeriana (ben lavata e asciugata) e la cipolla (senza tritarla) in una casseruola, aggiungete l'acqua, coprite e lasciate cuocere a fiamma dolce per almeno 10-15 minuti. ■ Una volta che le verdure saranno morbide, togliete la cipolla dalla preparazione, spegnete il fuoco e passate il tutto al passaverdura a buchi stretti, aggiungendo l'olio a filo. ■ Servite il passato di piselli e valeriana ben caldo, cospargendolo in superficie con i germogli di soia freschi.

Capitolo 5

REINSERIMENTO

2° MODULO

Vi siete mai chiesti perché un alimento sano a una persona può far bene e a un'altra può causare fastidi, per esempio cattiva digestione? In natura, in realtà, non esistono cibi giusti o sbagliati: questa risposta individuale è legata al fatto che siamo tutte persone diverse, con intestino e patrimonio genetico diversi, stili di vita differenti; addirittura di recente gli scienziati hanno scoperto che abbiamo enzimi e geni batterici diversi. Non stupisce, quindi, che ognuno di noi reagisca in modo particolare a uno stesso alimento ed è per questo che la dieta depurante, nel secondo modulo, prevede il reinserimento di un nuovo cibo alla volta: uno ogni giorno, per permetterci di scoprire quali evitare o quali consumare con tranquillità in base a come reagisce il nostro intestino (comparsa di meteorismo o cattiva digestione, per esempio). Una strategia che consente di mettere a punto una vera e propria dieta personalizzata e di comprendere quale sia l'alimentazione più giusta per perdere peso e rimanere in salute.

Pensiamo ai legumi: molte persone non li mangiano perché lamentano gonfiori di stomaco dopo averli ingeriti. Lenticchie, piselli, ceci ecc. sono in realtà alimenti sanissimi che non dovrebbero mai mancare sulle nostre tavole perché ricchi di carboidrati complessi, ma anche di grassi insaturi, utili per controllare il colesterolo, di minerali e fibra alimentare, importante per favorire il transito intestinale. Per il ricco apporto di proteine, vengono chiamati la "carne dei poveri". Grazie al loro contenuto di fibra, in questo secondo modulo li reinseriremo solo passati con il passaverdura. Se vi provocano gonfiori intestinali, prima di cuocerli fate un breve ammollo (accorgimento valido per tutti i legumi tranne per le lenticchie), che ha lo scopo di eliminare proprio questo inconveniente: lavateli sotto acqua corrente e versateli in una pentola con abbondante acqua fresca. Fateli cuocere per un paio di minuti, quindi togliete la pentola dal fuoco e lasciateli riposare per circa un'ora. Sciacquate, scolate e poi procedete alla normale cottura. Un suggerimento in più: non aggiungete mai sale prima o durante la cottura, altrimenti la buccia resta dura. Passarli con il passaverdura a cottura ultimata può facilitarne la digestione.

In questo modulo, oltre ai legumi passati, reinseriamo anche altri alimenti – quali brodo e dadi vegetali, cereali, confetture, cioccolato fondente, pomodori, melanzane, peperoni, aceto di mele – e alcuni tipi di cottura: grigliata senza carbonizzazione e frittura (una tantum).

Un consiglio: dotatevi di un'agenda nella quale appuntare tutto ciò che mangiate. Questa sorta di diario alimentare vi sarà utile per capire la reazione dell'intestino ai vari alimenti.

CIBI DA ELIMINARE

- Alcolici
- Bibite gassate e zuccherate
- Frutta: arance, mele, banane, fichi, cocomeri, uva
- Latte, latticini, yogurt, burro, panna e formaggi non delattosati
- Legumi interi
- Lievito
- Scatolame
- Spezie secche ed erbe aromatiche (soprattutto menta, rosmarino, origano, pepe nero, pepe bianco)
- Verdura: cetrioli, insalata a foglia dura

CIBI PERMESSI

- Aceto di mele
- Biscotti senza latte (HD - 0,1% di lattosio)
- Brodo vegetale e dadi vegetali
- Burro HD
- Cereali
- Cioccolato fondente e cacao
- Confetture e marmellate
- Curcuma
- Frutta: limoni, mandaranci, clementine, fragole, meloni maturi, frutti di bosco, pesche, albicocche, prugne, susine, ciliegie, lamponi
- Frutta secca (tutta)
- Funghi champignon
- Kefir
- Latticini: grana, parmigiano, latte e derivati ad alta digeribilità (HD - 0,1% di lattosio) o latte di soia, di mandorle, di riso, di nocciola

- Legumi (solo passati)
- Liquirizia
- Miele
- Odori: cipolla, aglio, sedano (da usare solo interi per insaporire)
- Pane e pizza preparati con farine integrali e cereali a lievitazione naturale con lievito madre
- Pasta preferibilmente preparata con farine integrali e cereali
- Porro (passato con passaverdura)
- Prezzemolo, salvia, basilico, erba cipollina, peperoncino
- Riso e patate precedentemente sbollentati
- Senape dolce, con moderazione
- Verdure a foglia o fiore (solo passate)
- Verdure: zucca, zucchine, asparagi, agretti, cuori e foglie di carciofo, insalata trocadero, soncino, valeriana, rucola, lattughino, carote, finocchi, germogli di soia, melanzane, peperoni, pomodori crudi e cotti
- Vino ricco di resveratrolo (½ bicchiere per la donna, 1 bicchiere per l'uomo, solo a cena)
- Yogurt delattosato o vegetale
- Zenzero

METODI DI COTTURA

- Alla brace
- Frittura (una tantum)

PER CONDIRE LE INSALATE

- Salsina di olio extravergine di oliva, succo di limone e una puntina di senape dolce.

IN BREVE

REINSERIAMO

- Aceto di mele
- Brodo vegetale e dadi vegetali
- Burro HD
- Cereali
- Cioccolato fondente e cacao
- Confetture e marmellate
- Foglie di carciofo
- Frutta secca (tutta)
- Legumi (solo passati)
- Melanzane e peperoni
- Pomodori e sugo di pomodoro

METODI DI COTTURA

- Alla brace
- Frittura (una tantum)

11° GIORNO
Reinseriamo i pomodori

COLAZIONE

Colazione dolce o salata

COLAZIONE DOLCE

1 kefir con semi di lino

OPPURE

1 tazza di latte delattosato (HD), di soia,
di mandorla, di riso o di nocciola

OPPURE

Tè o tisana di bardana dolcificati con eritritolo

+

Bruschetta del dolce buongiorno (vedi ricetta a p. 85)

OPPURE

1 fetta di ciambella preparata con latte delattosato (HD)
e bicarbonato come agente lievitante

OPPURE

2-3 biscotti secchi senza latte
o preparati con latte vegetale (vedi ricetta a p. 84)

COLAZIONE SALATA

Tè o tisana di bardana

+

1 fetta di pane a lievitazione naturale tostata (40 g)
con una frittatina di 2 albumi e 1 cucchiaino di olio evo

OPPURE

1 fetta di pane a lievitazione naturale tostata (40 g)
con un velo di formaggio spalmabile

SPUNTINO DI METÀ MATTINA

1 frutto tra quelli consentiti
OPPURE
1 yogurt delattosato e 1 misurino di aloe

PRANZO

Antipasto di insalata di valeriana e rape rosse
Tortino di riso nero con pomodori secchi
e capperi (vedi ricetta a p. 134)

MERENDA (2 ORE DOPO IL PRANZO)

1 frutto tra quelli consentiti
1 tisana depurativa a base di bardana

CENA

Insalata di patate dolci, tofu allo zafferano
e rucola (vedi ricetta a p. 135)

2 ORE DOPO CENA

2-3 prugne secche
1 tazza di tisana rilassante
Magnesio

TORTINO DI RISO NERO
CON POMODORI SECCHI E CAPPERI

INGREDIENTI PER 4 PORZIONI

70 g di riso venere parboiled, 160 ml di acqua
20 g di cipolla, 25 ml di succo di limone
olio extravergine di oliva, sale

PER LA SALSA

1 pomodoro rosso a grappolo ben maturo
2 pomodori secchi, 4 capperi sotto sale
3 foglie di basilico, 1 cucchiaio di olio extravergine di oliva

In una casseruola mettete il riso venere insieme all'acqua e alla cipolla, senza tritarla. Portate sul fuoco, coprite e lasciate cuocere a fiamma bassissima senza girare mai e senza aggiungere sale. ■ Nel frattempo, preparate un intingolo per condire il riso mescolando il sale, il succo di limone e 2 cucchiai di olio. ■ Appena pronto il riso, spegnete il fuoco, eliminate la cipolla e condite con l'intingolo. ■ Mescolate e coprite la casseruola con pellicola per alimenti, lasciando raffreddare e riposare il riso a temperatura ambiente per almeno un'ora. ■ Ora dedicatevi alla preparazione delle falde di pomodoro concassé. Per un miglior risultato, si consiglia di utilizzare sempre pomodori maturi e freddi di frigorifero. ■ Lavate il pomodoro, incidetelo a croce sul fondo e tuffatelo in acqua bollente. Lasciatelo immerso per 15 secondi; poi raffreddatelo rapidamente immergendolo in acqua e ghiaccio. ■ Rimuovete la pellicina esterna, che si toglierà con molta facilità con l'aiuto di un coltellino. ■ Tagliate in quattro quarti e rimuovete anche la placenta e i semi interni. In questo modo si ottengono falde di pomodoro utili per diverse preparazioni culinarie. ■ Per la salsa di accompagnamento, mettete i pomodori secchi in una ciotolina a reidratare in acqua a temperatura ambiente per almeno un'ora. Ripetete la stessa operazione per i capperi, al fine di dissalarli bene. ▪ Versate in un recipiente cilindrico i pomodori secchi rei-dratati e i capperi, le foglie di basilico, il pomodoro concassé a pezzet-toni e il cucchiaio d'olio. ▪ Frullate il tutto a immersione. ▪ Per servire: utilizzate un tagliapasta rotondo per dare forma al riso venere nel piat-to, servendolo a temperatura ambiente. Infine, rifinite il riso con la salsa.

INSALATA DI PATATE DOLCI, TOFU ALLO ZAFFERANO E RUCOLA

INGREDIENTI PER I PORZIONE

200 g di patate dolci, 1 bustina di zafferano
40 g di tofu, 30 g di rucola
2 cucchiai di olio extravergine di oliva, sale

Iniziate con la cottura delle patate dolci: solitamente sono di grosse di-mensioni, quindi per una singola porzione ne cuocerete un unico pezzo; qualora la ricetta fosse preparata per più persone, si consiglia di scegliere patate tutte della stessa dimensione, per consentire una cottura omogenea in tempi similari. ▪ Immergete la patata dolce in una pentola con acqua fredda e salate generosamente al fine di cambiare la densità dell'acqua e mantenere la polpa soda anche dopo la cottura. ▪ Cuocete la patata a calore medio e continuo. ▪ Una volta pronta, scolatela e conservatela intera con la buccia fuori dal frigorifero e sbucciatela solo poco prima del consumo, per evitare che assuma una consistenza collosa. ▪ A parte, in una ciotolina sciogliete la bustina di zafferano in pochissima acqua. ▪ Ta-gliate il tofu a cubetti e aggiungetelo allo zafferano sciolto, mescolando bene per conferirgli un bel colore omogeneo. Lasciatelo riposare perché assorba al meglio il sapore delicato dello zafferano. ▪ Poco prima di ser-vire, mondate e lavate la rucola e asciugatela bene. ▪ Sbucciate la pa-tata dolce e tagliatela a cubettoni. ▪ Riunite rucola, patate e tofu in un recipiente, e condite il tutto con un pizzico di sale e l'olio.

12° GIORNO

Reinseriamo i peperoni

COLAZIONE

Colazione dolce o salata

COLAZIONE DOLCE

1 kefir con semi di lino

OPPURE

1 tazza di latte delattosato (HD), di soia,
di mandorla, di riso o di nocciola

OPPURE

Tè o tisana di bardana dolcificati con eritritolo

+

Bruschetta del dolce buongiorno (vedi ricetta a p. 85)

OPPURE

1 fetta di ciambella preparata con latte delattosato (HD)
e bicarbonato come agente lievitante

OPPURE

2-3 biscotti secchi senza latte
o preparati con latte vegetale (vedi ricetta a p. 84)

COLAZIONE SALATA

Tè o tisana di bardana

+

1 fetta di pane a lievitazione naturale tostata (40 g)
con una frittatina di 2 albumi e 1 cucchiaino di olio evo

OPPURE

1 fetta di pane a lievitazione naturale tostata (40 g)
con un velo di formaggio spalmabile

SPUNTINO DI METÀ MATTINA

1 frutto tra quelli consentiti
OPPURE
1 yogurt delattosato e 1 misurino di aloe

PRANZO

Antipasto di insalata a foglioline tenere
Gnocchi di zucca al burro, salvia e nocciole (vedi ricetta a p. 138)

MERENDA (2 ORE DOPO IL PRANZO)

1 frutto tra quelli consentiti
1 tisana depurativa a base di bardana

CENA

Frittatina arrotolata ai peperoni rossi e gialli (vedi ricetta a p. 139)
Insalata mista
1 fetta di pane di segale tostato (40 g)

2 ORE DOPO CENA

2-3 prugne secche
1 tazza di tisana rilassante
Magnesio

GNOCCHI DI ZUCCA AL BURRO, SALVIA E NOCCIOLE

INGREDIENTI PER I PORZIONE

150 g di zucca gialla, 100 g di patate
1 tuorlo d'uovo, 40 g di farina di grano tenero integrale, sale

PER IL CONDIMENTO

15 g di burro ad alta digeribilità (HD), 2 foglie di salvia
1 cucchiaino di granella di nocciole

Iniziate con la preparazione della zucca: avvolgete il pezzo intero in un foglio di alluminio da cucina e sistematelo in una teglia. ■ Cuocete la zucca in forno preriscaldato a 100 °C, finché non risulterà morbida e cedevole. ■ Passate la zucca cotta al passaverdura e mettetela da parte. ■ Procedete poi alla cottura delle patate: qualora la pietanza fosse preparata per più persone, si consiglia di scegliere patate della stessa dimensione per consentire una cottura omogenea. ■ Mettete le patate in un pentolino, ricopritele con acqua fredda e salate generosamente, al fine di cambiare la densità dell'acqua e mantenere la polpa soda anche dopo la cottura. ■ Cuocete a calore medio e continuo. ■ Una volta pronte, sbucciatele ancora calde e passatele subito allo schiacciapatate. ■ Riunite su una spianatoia la purea di zucca e quella di patate, aggiungete il tuorlo d'uovo, un pizzico di sale e mescolate bene. ■ Incorporate quindi al composto anche la farina; dovrete ottenere una massa morbida. ■ Con l'impasto ottenuto formate dei cordoncini e tagliateli per ottenere dei piccoli gnocchi, che potrete mantenere lisci o rigare con i rebbi di una forchetta. ■ Mettete sul fuoco una pentola con abbondante acqua. ■ In un padellino riunite il burro con le foglie di salvia e la granella di nocciole, coprite e lasciate cuocere a fiamma dolce. ■ Quando l'acqua avrà raggiunto il bollore, cuocete gli gnocchi e scolateli non appena saranno saliti tutti in superficie. ■ Ripassateli nel condimento al burro, salvia e nocciole e serviteli ben caldi.

FRITTATINA ARROTOLATA AI PEPERONI ROSSI E GIALLI

INGREDIENTI PER I PORZIONE

60 g di peperone giallo, 60 g di peperone rosso
2 uova fresche, 1 cucchiaino di formaggio grana
2 cucchiai di olio extravergine di oliva, sale

Tagliate i peperoni a cubetti, riuniteli in una ciotola e conditeli a insalata con un pizzico di sale e un cucchiaio di olio. ■ Portate una padellina antiaderente sul fuoco. Quando sarà calda, versatevi i peperoni e cuoceteli prima con il coperchio per 5 minuti, poi scoprite e saltateli a fiamma viva. ■ Una volta pronti, trasferiteli in un recipiente e teneteli da parte. ■ In un'altra ciotola sbattete le uova con un pizzico di sale e unitevi i peperoni ancora caldi. ■ Portate sul fuoco una padella antiaderente con un cucchiaio d'olio e lasciate scaldare. ■ Versatevi il composto ottenuto, lasciandolo andare a fiamma dolce, coperto: in questo modo cuocerà leggermente anche in superficie grazie all'azione del vapore. ■ Dopo alcuni minuti togliete il coperchio e spolverate la superficie con il formaggio grattugiato in modo omogeneo, poi procedete delicatamente ad arrotolare la frittata stretta su se stessa, aiutandovi con una spatola. ■ Se necessario, lasciate cuocere ancora la frittata arrotolata, sempre a fuoco dolce, girandola di tanto in tanto. ■ Servitela a fette.

13° GIORNO
Reinseriamo le melanzane

1 bicchiere di acqua con succo di limone

COLAZIONE

Colazione dolce o salata

COLAZIONE DOLCE

1 kefir con semi di lino

OPPURE

1 tazza di latte delattosato (HD), di soia,
di mandorla, di riso o di nocciola

OPPURE

Tè o tisana di bardana dolcificati con eritritolo

+

Bruschetta del dolce buongiorno (vedi ricetta a p. 85)

OPPURE

1 fetta di ciambella preparata con latte delattosato (HD)
e bicarbonato come agente lievitante

OPPURE

2-3 biscotti secchi senza latte
o preparati con latte vegetale (vedi ricetta a p. 84)

COLAZIONE SALATA

Tè o tisana di bardana

+

1 fetta di pane a lievitazione naturale tostata (40 g)
con una frittatina di 2 albumi e 1 cucchiaino di olio evo

OPPURE

1 fetta di pane a lievitazione naturale tostata (40 g)
con un velo di formaggio spalmabile

SPUNTINO DI METÀ MATTINA

1 frutto tra quelli consentiti
OPPURE
1 yogurt delattosato e 1 misurino di aloe

PRANZO

Antipasto di pinzimonio di finocchi
Tagliolini di farro in salsa agrumata (vedi ricetta a p. 142)

MERENDA (2 ORE DOPO IL PRANZO)

1 frutto tra quelli consentiti
1 tisana depurativa a base di bardana

CENA

Polpettine di ceci su crema di melanzane
al peperoncino (vedi ricetta a p. 143)
1 fetta di pane con lievito madre tostata (40 g)

2 ORE DOPO CENA

2-3 prugne secche
1 tazza di tisana rilassante
Magnesio

TAGLIOLINI DI FARRO IN SALSA AGRUMATA

INGREDIENTI PER 1 PORZIONE

70 g di tagliolini di farro

PER LA SALSA AGRUMATA

10 g di foglie di basilico, 5 g di foglie di rucola
6 foglie di prezzemolo
5 g di zenzero fresco (decorticato)
10 g di pinoli, 2 cucchiaini di formaggio grana grattugiato
10 ml di succo di limone, 1 cubetto di ghiaccio
30 ml di olio extravergine di oliva

Si raccomanda l'utilizzo di tutti gli ingredienti ben freddi. ■ Lavate le erbe in abbondante acqua fredda, poi passatele alla centrifuga per rimuovere l'acqua in eccesso. ■ Trasferitele in un recipiente cilindrico e unite lo zenzero, i pinoli, il formaggio, il succo di limone e il cubetto di ghiaccio (o poca acqua ghiacciata). ■ Frullate il tutto a immersione avendo cura di ottenere un composto fine, aggiungendo l'olio a filo mentre procedete con l'operazione. ■ Conservate la salsa in frigorifero, coprendola con uno strato d'olio in superficie. ■ Utilizzate la salsa per condire, rigorosamente fuori dal fuoco, un buon piatto di tagliolini di farro.

POLPETTINE DI CECI SU CREMA DI MELANZANE AL PEPERONCINO

INGREDIENTI PER 1 PORZIONE

70 g di ceci secchi, 1 ciuffo di prezzemolo,
1 cucchiaino raso di senape dolce
olio extravergine di oliva, sale

PER LA CREMA DI MELANZANE AL PEPERONCINO

1 melanzana piccola, 1 spicchio di aglio
½ peperoncino fresco
1 cucchiaio di olio extravergine di oliva

Ponete i ceci a reidratare in una ciotola con acqua per almeno 24 ore, avendo cura di cambiare l'acqua almeno tre volte. ■ Il giorno seguente mettete in un robot da cucina i ceci reidratati insieme al prezzemolo e alla senape. ■ Tritate il tutto fino a ottenere un impasto compatto e omogeneo. Correggete con un pizzico di sale solo al termine. ■ Lasciate riposare il composto coperto con pellicola da cucina in frigorifero per circa 2 ore. ■ Utilizzatelo per ottenere delle polpettine schiacciate, che cuocerete in una padella antiaderente con un cucchiaio d'olio, avendo cura di girarle di tanto in tanto. ■ Preparate ora la melanzana al forno: tagliate lo spicchio d'aglio a fettine, praticate dei tagli con un coltello su tutta la superficie della melanzana e inserite in ciascun taglio una fettina di aglio. ■ Mettete la melanzana a cuocere su griglia in forno preriscaldato a 220 °C. Al termine della cottura dovrà risultare morbida e cedevole. ■ Una volta sfornata, trasferitela in una ciotola e coprite con pellicola per alimenti, lasciando riposare per favorire l'azione del vapore post cottura, che renderà più facile la rimozione della buccia. ■ In seguito, spellate la melanzana e passate la polpa al passaverdura. ■ Servite le polpettine di ceci ben calde adagiate sulla passata di melanzane, rifinendo il piatto con l'olio a crudo e il peperoncino fresco tritato al momento.

14° GIORNO

Reinseriamo le foglie di carciofo

APPENA SVEGLI

1 bicchiere di acqua con succo di limone

COLAZIONE

Colazione dolce o salata

COLAZIONE DOLCE

1 kefir con semi di lino

OPPURE

1 tazza di latte delattosato (HD), di soia,
di mandorla, di riso o di nocciola

OPPURE

Tè o tisana di bardana dolcificati con eritritolo

+

Bruschetta del dolce buongiorno (vedi ricetta a p. 85)

OPPURE

1 fetta di ciambella preparata con latte delattosato (HD)
e bicarbonato come agente lievitante

OPPURE

2-3 biscotti secchi senza latte
o preparati con latte vegetale (vedi ricetta a p. 84)

COLAZIONE SALATA

Tè o tisana di bardana

+

1 fetta di pane a lievitazione naturale tostata (40 g)
con una frittatina di 2 albumi e 1 cucchiaino di olio evo

OPPURE

1 fetta di pane a lievitazione naturale tostata (40 g)
con un velo di formaggio spalmabile

SPUNTINO DI METÀ MATTINA

1 frutto tra quelli consentiti

OPPURE

1 yogurt delattosato e 1 misurino di aloe

PRANZO

Antipasto di insalata di carote, sedano e 4-5 olive nere
Spaghetti di kamut all'estratto di prezzemolo
e carciofi saltati (vedi ricetta a p. 146)

MERENDA (2 ORE DOPO IL PRANZO)

1 frutto tra quelli consentiti
1 tisana depurativa a base di bardana

CENA

Barchette di zucchine (vedi ricetta a p. 147)
Insalata mista
1 fetta di pane di segale tostato (40 g)

2 ORE DOPO CENA

2-3 prugne secche
1 tazza di tisana rilassante
Magnesio

SPAGHETTI DI KAMUT ALL'ESTRATTO DI PREZZEMOLO E CARCIOFI SALTATI

INGREDIENTI PER 1 PORZIONE

2 carciofi, 1 limone, 1 spicchio di aglio
70 g di spaghetti di kamut, 5 g di prezzemolo
1 foglia di insalata lattuga
2 cucchiai di olio extravergine di oliva, sale

Mondate i carciofi, tagliateli a julienne e poneteli in un recipiente con dell'acqua acidulata con succo di limone, per evitare che scuriscano. ■ Al momento della cottura scolateli, versateli in una ciotola e conditeli con un po' di sale, mescolando bene, e poi con un cucchiaio d'olio. ■ Mettete i carciofi a cuocere a fuoco vivo in una padella ben calda, unendo l'aglio intero schiacciato al coltello e utilizzando un coperchio. ■ Nel frattempo, mettete in cottura gli spaghetti in acqua bollente salata. ■ A parte, con una centrifuga – o ancor meglio un estrattore – ottenete succo fresco di prezzemolo, aggiungendo anche una foglia di lattuga e un po' di acqua. ■ Versate il succo di prezzemolo in una ciotola capiente e, quando la pasta sarà cotta, scolatela e mescolate. ■ Lasciate riposare la pasta per un minuto. ■ Infine, unite alla pasta i carciofi saltati (dopo aver eliminato lo spicchio d'aglio) e servite ben caldo.

BARCHETTE DI ZUCCHINE

INGREDIENTI PER 1 PORZIONE

1 zucchina di media grandezza
120 g di ricotta vaccina senza lattosio ad alta digeribilità (HD)
2 foglie di basilico, 3 gherigli di noce, 1 albume
2 cucchiaini di confettura di kiwi
olio extravergine di oliva, sale

Iniziate la preparazione mettendo a bollire dell'acqua in una casseruola. ■ Lavate e asciugate la zucchina, eliminatene le estremità con un coltello, poi tagliatela a metà nel senso della lunghezza e svuotate ciascuna parte con uno scavino (o un semplice cucchiaino). ■ Tagliate le barchette ottenute in 2 pezzi (a seconda della grandezza desiderata), salate l'acqua in ebollizione e sbollentate le zucchine per 1-2 minuti. ■ È importante salare l'acqua per rinforzare la struttura della zucchina e far sì che non si sfaldi durante la successiva cottura in forno. ■ Scolate le barchette di zucchine e tenetele da parte. ■ Procedete adesso con la preparazione del ripieno: setacciate la ricotta in una ciotola e conditela con un pizzico di sale, le foglie di basilico spezzettate a mano, i gherigli di noce tritati grossolanamente e l'albume d'uovo. ■ Mescolate bene il tutto così da ottenere un composto omogeneo. ■ In seguito, aiutandovi con un cucchiaio o una sacca da pasticceria, farcite ciascuna barchetta con il composto di ricotta. ■ Sistemate le barchette di zucchina ripiene in una teglia rivestita con carta forno, e cuocetele in forno preriscaldato a 145 °C per circa 20-25 minuti. ■ Una volta sfornate, lasciatele riposare per almeno 10 minuti prima di servirle cosparse con qualche goccia di confettura di kiwi; il suo gusto dolce e acidulo la rende perfetta in abbinamento con questa pietanza.

15° GIORNO

GIORNO VEGANO ■ Reinseriamo le confetture

APPENA SVEGLI

1 bicchiere di acqua con succo di limone

COLAZIONE

1 tazza di latte vegetale di soia, di mandorla, di riso o di nocciola

OPPURE

Tè o tisana di bardana dolcificati con eritritolo

+

1 fetta di pane a lievitazione naturale tostata (40 g)
con un velo di crema tahini o confettura

SPUNTINO DI METÀ MATTINA

1 centrifugato detox con 1 cucchiaio di moringa

OPPURE

1 yogurt vegetale e 1 misurino di aloe

PRANZO

Antipasto di insalata tiepida di rape rosse,
finocchi e semi di finocchio
Involtini di melanzane e quinoa
con germogli di soia (vedi ricetta a p. 150)

MERENDA (2 ORE DOPO IL PRANZO)

1 frutto tra quelli consentiti
1 tisana depurativa a base di bardana

CENA

Polpettine di patate e lupini con salsa
allo yogurt vegetale (vedi ricetta a p. 151)
Insalata di valeriana

2 ORE DOPO CENA

2-3 prugne secche
1 tazza di tisana rilassante
Magnesio

INVOLTINI DI MELANZANE E QUINOA CON GERMOGLI DI SOIA

INGREDIENTI PER 1 PORZIONE

1 melanzana ovale media
olio extravergine di oliva, sale

PER IL RIPIENO

70 g di quinoa, 230 ml di brodo vegetale
30 g di germogli di soia
1 cucchiaino di olio extravergine di oliva, sale

Sbucciate la melanzana in modo alterno (cioè asportando una striscia sì e una no della buccia) con un pelapatate, poi tagliatela a fette di circa 1,5 cm di spessore, nel senso della lunghezza. ■ Salate leggermente ciascuna fetta da entrambi i lati e lasciate riposare per qualche minuto. ■ Spennellate ciascuna fetta con un po' d'olio su entrambi i lati. ■ Ponete le melanzane su un'ampia griglia antiaderente precedentemente scaldata e cuocetele a fuoco moderato finché non saranno ben rosolate da ambo i lati. ■ Potrete cuocere le fette di melanzana anche al forno, sistemandole leggermente accavallate l'una sull'altra e passandole in forno preriscaldato a 200 °C per circa 15-20 minuti. ■ Una volta pronte, lasciatele raffreddare. ■ Preparate il ripieno: sciacquate la quinoa sotto acqua corrente per eliminare parte delle saponine. ■ In seguito, fate scaldare sul fuoco una casseruola, versatevi il cucchiaino d'olio e la quinoa e lasciatela tostare. ■ Unite il brodo vegetale (tutto in una volta), coprite la casseruola e lasciate cuocere a fuoco dolce. ■ Dopo 10 minuti, aggiungete i germogli di soia e procedete con la cottura finché tutto il brodo sarà stato assorbito. ■ Una volta pronta, lasciate riposare e raffreddare la quinoa fuori dal fuoco, tenendola coperta affinché tutta l'umidità si ridistribuisca omogeneamente tra i chicchi. ■ Utilizzate la quinoa fredda per farcire le fette di melanzana, arrotolandole poi a formare degli involtini.

POLPETTINE DI PATATE E LUPINI CON SALSA ALLO YOGURT VEGETALE

INGREDIENTI PER 1 PORZIONE

200 g di patate, 1 tuorlo d'uovo
prezzemolo, 70 g di lupini sgusciati, sale

PER LA SALSA ALLO YOGURT

70 g di yogurt bianco vegetale
4 olive verdi denocciolate
40 g di cetriolo, 2 ciuffi di aneto fresco

Scegliete patate possibilmente della stessa grandezza per consentire una cottura omogenea. ◼ Lavate le patate molto bene, e ponetele in una casseruola, copritele con acqua fredda e aggiungete del sale. ◼ Fatele cuocere a fuoco dolce fin quando non saranno morbide e cotte. ◼ Una volta pronte, scolatele e sbucciatele ancora calde. ◼ Passatele poi allo schiacciapatate. ◼ Trasferite la purea in un recipiente, e lasciatela intiepidire, quindi aggiungetevi il tuorlo d'uovo, il prezzemolo tritato finemente al momento e i lupini, che avrete tritato grossolanamente al coltello. ◼ Mescolate il tutto fino a ottenere un composto omogeneo. ◼ Utilizzate il composto di patate e lupini per formare delle polpettine, schiacciandole leggermente per favorire la cottura al cuore. ◼ Potete cuocere le polpettine in forno preriscaldato a 160 °C, in una teglia rivestita con carta forno senza aggiunta di grassi, o in alternativa in padella, ungendo il fondo con un velo di olio. ◼ Preparate ora la salsa allo yogurt. In un recipiente cilindrico riunite lo yogurt magro con le olive verdi, il cetriolo e l'aneto fresco. ◼ Frullate il tutto a immersione fino a ottenere una salsa omogenea, ideale da servire fresca, in contrasto con le polpette di patate e lupini ben calde.

16° GIORNO

Reinseriamo la cottura alla griglia/brace

APPENA SVEGLI

1 bicchiere di acqua con succo di limone

COLAZIONE

Colazione dolce o salata

COLAZIONE DOLCE

1 kefir con semi di lino

OPPURE

1 tazza di latte delattosato (HD), di soia,
di mandorla, di riso o di nocciola

OPPURE

Tè o tisana di bardana dolcificati con eritritolo

+

1 fetta di pane a lievitazione naturale tostata (40 g)
con miele o confettura

OPPURE

1 fetta di ciambella preparata con latte delattosato (HD)
e bicarbonato come agente lievitante

OPPURE

2-3 biscotti secchi senza latte
o preparati con latte vegetale (vedi ricetta a p. 84)

COLAZIONE SALATA

Tè o tisana di bardana

+

1 fetta di pane a lievitazione naturale tostata (40 g)
con una frittatina di 2 albumi e 1 cucchiaino di olio evo

OPPURE

1 fetta di pane a lievitazione naturale tostata (40 g)
con un velo di formaggio spalmabile

SPUNTINO DI METÀ MATTINA

1 frutto tra quelli consentiti
OPPURE
1 yogurt delattosato

PRANZO

Antipasto di insalata trocadero
Tagliatelle al grano saraceno con zafferano,
zucchine e i loro fiori (vedi ricetta a p. 154)

MERENDA (2 ORE DOPO IL PRANZO)

1 frutto tra quelli consentiti
1 tisana depurativa a base di bardana

CENA

Frittatina di agretti (vedi ricetta a p. 155)
Insalata di funghi grigliati
1 fetta di pane a lievitazione naturale tostato (40 g)

2 ORE DOPO CENA

2-3 prugne secche
1 tazza di tisana rilassante
Magnesio

TAGLIATELLE AL GRANO SARACENO CON ZAFFERANO, ZUCCHINE E I LORO FIORI

INGREDIENTI PER 1 PORZIONE

PER LE TAGLIATELLE

65 g di farina 00, 65 g di farina di grano saraceno
20 g di albume, 50 ml di acqua
5 ml di aceto di vino bianco, 5 g di sale fino

PER IL CONDIMENTO

100 g di zucchine, 1 bustina di zafferano
1 cucchiaio di olio extravergine di oliva, sale

PER SERVIRE

3 fiori di zucca, 30 g di amido di mais
50 ml di acqua, olio per friggere

Lavorate insieme gli ingredienti per le tagliatelle su una spianatoia, fino a ottenere una massa liscia, compatta e omogenea. Coprite l'impasto con pellicola per alimenti e lasciate riposare per almeno 2 ore in frigorifero. ■ Stendete quindi la pasta in sfoglie con l'apposita macchinetta, e ricavatene delle tagliatelle, che metterete ad asciugare su un vassoio leggermente infarinato. ■ Per il condimento: tagliate le zucchine a piccole rondelle, ponetele in una ciotola e conditele prima con un pizzico di sale e poi con l'olio, mescolando come si trattasse di un'insalata. ■ Mettete le zucchine in cottura in una padella antiaderente ben calda, saltandole di tanto in tanto. Una volta pronte, tenetele da parte. ■ Per preparare i fiori di zucca fritti, ricavate solo la parte dei petali. Sciacquateli e asciugateli delicatamente, tamponandoli con un panno. ■ In una ciotola preparate una pastella diluendo l'amido di mais con l'acqua fredda e mescolando con una frusta di frequente, in quanto l'amido tende a solidificarsi sul fondo. Al momento dell'utilizzo, assicuratevi che sia leggermente densa, poi immergetevi ciascun fiore ben aperto, che tufferete in abbondante olio bollente. Friggete i fiori per pochi minuti a temperatura controllata (circa 160 °C), finché non risulteranno dorati e croccanti; scolateli su carta assorbente e teneteli da parte. ■ Mettete le tagliatelle in cottura in abbondante acqua bollente salata. ■ Nel frattempo, riunite in una ciotola capiente la bustina di zafferano con un cucchiaio d'acqua, e scioglietelo bene. ■ Quando la pasta sarà cotta, scolatela e ripassatela nella ciotola con lo zafferano, per conferirle colore e sapore. ■ Infine, ripassate le tagliatelle (fuori dal fuoco) nel condimento alle zucchine. ■ Impiattate e servite le tagliatelle cosparse di fiori di zucca croccanti spezzettati a mano.

FRITTATINA DI AGRETTI

INGREDIENTI PER 1 PORZIONE

100 g di agretti freschi, 2 uova fresche
1 cucchiaino di formaggio grana
2 cucchiai di olio extravergine di oliva, sale

Pulite e lavate con cura gli agretti. ■ Poneteli in una casseruola, unite un paio di bicchieri d'acqua e lasciateli cuocere a fiamma dolce con un coperchio. ■ Una volta pronti, scolateli e versateli in una ciotola: conditeli con un pizzico di sale e un cucchiaio d'olio, mescolando il tutto come si trattasse di un'insalata. ■ Fate scaldare un padellino e saltatevi all'interno gli agretti. ■ In una ciotola sbattete le uova e unitevi il formaggio grana per insaporirle. ■ Aggiungete gli agretti caldi nelle uova sbattute, mescolando velocemente con una frusta per omogeneizzare la temperatura del composto. ■ Portate sul fuoco una padella e ungetela con il secondo cucchiaio d'olio; lasciate scaldare, poi versatevi il composto di uova e agretti, coprite e lasciate cuocere a fiamma dolcissima. ■ A metà cottura girate la frittata e lasciate andare per ancora un paio di minuti. ■ Trasferite la frittata in un piatto e lasciatela riposare per qualche minuto prima di servire.

17° GIORNO
Reinseriamo il cacao

COLAZIONE

Colazione dolce o salata

COLAZIONE DOLCE

1 kefir con semi di lino

OPPURE

1 tazza di latte delattosato (HD), di soia,
di mandorla, di riso o di nocciola

OPPURE

Tè o tisana di bardana dolcificati con eritritolo

+

1 fetta di pane a lievitazione naturale tostata (40 g)
con miele o confettura

OPPURE

1 fetta di ciambella preparata con latte delattosato (HD)
e bicarbonato come agente lievitante

OPPURE

2-3 biscotti secchi senza latte
o preparati con latte vegetale (vedi ricetta a p. 84)

COLAZIONE SALATA

Tè o tisana di bardana

+

1 fetta di pane a lievitazione naturale tostata (40 g)
con una frittatina di 2 albumi e 1 cucchiaino di olio evo

OPPURE

1 fetta di pane a lievitazione naturale tostata (40 g)
con un velo di formaggio spalmabile

SPUNTINO DI METÀ MATTINA

1 frutto tra quelli consentiti
OPPURE
1 yogurt delattosato

PRANZO

Antipasto di julienne di carote in pinzimonio
Spaghetti spezzati su crema di lenticchie
e cacao (vedi ricetta a p. 158)

MERENDA (2 ORE DOPO IL PRANZO)

1 frutto tra quelli consentiti
1 tisana depurativa a base di bardana

CENA

Insalata di rucola, fagiolini e scaglie di grana
Funghi trifolati al vino bianco (vedi ricetta a p. 159)
1 fetta di pane di segale tostato (40 g)

2 ORE DOPO CENA

2-3 prugne secche
1 tazza di tisana rilassante
Magnesio

SPAGHETTI SPEZZATI
SU CREMA DI LENTICCHIE E CACAO

INGREDIENTI PER 1 PORZIONE

50 g di lenticchie secche, 300 ml di acqua
2 foglie di salvia, 30 g di sedano
1 cucchiaino raso di cacao amaro, 70 g di spaghetti di kamut
1 cucchiaio di olio extravergine di oliva, sale

Mettete a bagno le lenticchie in acqua fredda, lasciandole reidratare per circa mezz'ora. ■ Quindi scolatele e trasferitele in una piccola pentola, copritele con i 300 ml di acqua e unite la salvia e il sedano (lasciandolo intero). ■ Cuocete le lenticchie a fuoco dolcissimo, coperte, togliendo il coperchio solo quando avranno preso il bollore, che non deve essere mai troppo forte; aggiungete il sale solo al termine della cottura. ■ Una volta pronte, lasciate raffreddare le lenticchie nell'acqua di cottura. ■ In seguito, rimuovete il sedano e le foglie di salvia, e passate le lenticchie tiepide scolate al passaverdura. ■ Trasferite la crema ottenuta in un pentolino, e incorporatevi il cacao amaro. ■ Spezzate gli spaghetti e cuoceteli in abbondante acqua bollente salata. ■ Una volta pronti, scolateli e conditeli con l'olio. ■ Servite la crema di lenticchie calda adagiandovi sopra gli spaghetti spezzati.

FUNGHI TRIFOLATI AL VINO BIANCO

INGREDIENTI PER 1 PORZIONE

200 g di funghi champignon freschi
15 ml di succo di limone, 1 spicchio di aglio
2 cucchiai di vino bianco, 2 ciuffi di prezzemolo
1 cucchiaio di olio extravergine di oliva, sale

Mondate i funghi e sciacquateli velocemente sotto acqua corrente (non lasciateli mai a bagno: si impregnerebbero eccessivamente di acqua), avendo cura di rimuovere bene i residui terrosi. ■ Tagliate i funghi a fette sottili, metteteli in una ciotola e conditeli prima con una presa di sale, poi con il succo di limone e infine con il cucchiaio d'olio. ■ Portate una padellina antiaderente sul fuoco, e una volta calda versatevi i funghi conditi a insalata, unendo lo spicchio d'aglio intero schiacciato e il vino bianco. Lasciateli stufare coperti, senza farli rosolare troppo. ■ Grazie all'utilizzo preliminare del succo di limone, gli champignon non si scuriranno ma manterranno il proprio colore chiaro anche durante la cottura. ■ Servite i funghi trifolati ben caldi, spolverandoli con prezzemolo tritato al momento.

18° GIORNO
Reinseriamo l'orzo

1 bicchiere di acqua con succo di limone

COLAZIONE

Colazione dolce o salata

COLAZIONE DOLCE

1 kefir con semi di lino

OPPURE

1 tazza di latte delattosato (HD), di soia,
di mandorla, di riso o di nocciola

OPPURE

Tè o tisana di bardana dolcificati con eritritolo

+

1 fetta di pane a lievitazione naturale tostata (40 g)
con miele o confettura

OPPURE

1 fetta di ciambella preparata con latte delattosato (HD)
e bicarbonato come agente lievitante

OPPURE

2-3 biscotti secchi senza latte
o preparati con latte vegetale (vedi ricetta a p. 84)

COLAZIONE SALATA

Tè o tisana di bardana

+

1 fetta di pane a lievitazione naturale tostata (40 g)
con una frittatina di 2 albumi e 1 cucchiaino di olio evo

OPPURE

1 fetta di pane a lievitazione naturale tostata (40 g)
con un velo di formaggio spalmabile

SPUNTINO DI METÀ MATTINA

1 frutto tra quelli consentiti
OPPURE
1 yogurt delattosato

PRANZO

Antipasto di insalata di pomodori
Orzotto arcobaleno (vedi ricetta a p. 162)

MERENDA (2 ORE DOPO IL PRANZO)

1 frutto tra quelli consentiti
1 tisana depurativa a base di bardana

CENA

Bocconcini di lenticchie e melanzane (vedi ricetta a p. 163)
Insalata di rucola

2 ORE DOPO CENA

2-3 prugne secche
1 tazza di tisana rilassante
Magnesio

ORZOTTO ARCOBALENO

2 foglie di salvia, 60 g di orzo perlato, 500 ml di brodo vegetale
70 g di melanzane, 70 g di zucchine, 40 g di peperone rosso
2 cucchiaini di formaggio grana grattugiato
2 cucchiai di olio extravergine di oliva, sale

In una piccola casseruola mettete un cucchiaio d'olio e fatelo scaldare. ▪ Unite la salvia e fatela soffriggere a fuoco dolce per un paio di minuti. ▪ Versate l'orzo e bagnatelo gradualmente con il brodo vegetale, proprio come si trattasse della preparazione di un risotto. ▪ Mondate le verdure, lavatele e tagliatele a cubetti della stessa dimensione. ▪ Riunite le verdure in una ciotola e conditele con un pizzico di sale, mescolando bene per farlo sciogliere, e poi con un cucchiaio d'olio. ▪ Cuocetele in una padella antiaderente ben calda, utilizzando un coperchio per i primi minuti di cottura, e poi saltando le verdure: devono rimanere croccanti. ▪ Una volta terminata la cottura dell'orzotto, toglietelo dal fuoco e mantecatelo con il formaggio grattugiato. ▪ Servite l'orzotto ben caldo cospargendolo con le verdure saltate.

BOCCONCINI DI LENTICCHIE E MELANZANE

INGREDIENTI PER 4 PORZIONI

50 g di lenticchie secche
1 piccola melanzana (50 g di polpa)
1 cucchiaio colmo di farina integrale
succo di ½ limone, 2 ciuffi di prezzemolo
olio di girasole per friggere, sale

Traendo ispirazione dai falafel, lo chef propone questa ricetta ricca di fibre, proteine e carboidrati per un fritto sfizioso ma dall'apporto nutrizionale ben equilibrato.

Mettete le lenticchie a bagno in acqua fredda e lasciatele in ammollo per circa 3 ore. ■ Trascorso questo tempo, avranno assorbito l'acqua, rigonfiandosi e diventando di consistenza più morbida. Scolatele e tenetele da parte. ■ Lavate la melanzana, asciugatela e praticate dei tagli sulla buccia con la punta di un coltello per evitare che scoppi in cottura. ■ Sistematela sulla griglia e cuocetela in forno preriscaldato a 180 °C finché non risulterà morbida e cedevole. ■ All'uscita dal forno, trasferite la melanzana in una ciotola e copritela ermeticamente con pellicola da cucina: lasciandola raffreddare in questo modo, e sfruttando il vapore dopo la cottura, sarà più facile rimuoverne la buccia. ■ Una volta ottenuta la polpa di melanzana, unitela alle lenticchie passate con il passaverdura e mescolate. ■ Quando il composto risulterà fine e omogeneo, trasferitelo nuovamente nella ciotola e incorporatevi a mano prima la farina, poi il sale, il succo di limone e il prezzemolo tritato. ■ È preferibile lasciar riposare il composto in frigorifero per 1-2 ore prima di utilizzarlo. ■ Trasferite il composto ottenuto in una sacca da pasticceria, e lasciate cadere dei piccoli cilindri direttamente nell'olio bollente. ■ Friggete i bocconcini per pochi minuti, scolateli e serviteli caldi.

19° GIORNO
Reinseriamo il brodo vegetale

APPENA SVEGLI

1 bicchiere di acqua con succo di limone

COLAZIONE

Colazione dolce o salata

COLAZIONE DOLCE

1 kefir con semi di lino
OPPURE
1 tazza di latte delattosato (HD), di soia,
di mandorla, di riso o di nocciola
OPPURE
Tè o tisana di bardana dolcificati con eritritolo
+
1 fetta di pane a lievitazione naturale tostata (40 g)
con miele o confettura
OPPURE
1 fetta di ciambella preparata con latte delattosato (HD)
e bicarbonato come agente lievitante
OPPURE
2-3 biscotti secchi senza latte
o preparati con latte vegetale (vedi ricetta a p. 84)

COLAZIONE SALATA

Tè o tisana di bardana
+
1 fetta di pane a lievitazione naturale tostata (40 g)
con una frittatina di 2 albumi e 1 cucchiaino di olio evo
OPPURE
1 fetta di pane a lievitazione naturale tostata (40 g)
con un velo di formaggio spalmabile

SPUNTINO DI METÀ MATTINA

1 frutto tra quelli consentiti
OPPURE
1 yogurt delattosato

PRANZO

Antipasto di insalata di finocchi con salsa
Brodo di stracciatella e spaghetti integrali
al profumo di limone (vedi ricetta a p. 166)

MERENDA (2 ORE DOPO IL PRANZO)

1 frutto tra quelli consentiti
1 tisana depurativa a base di bardana

CENA

Giardino del benessere (vedi ricetta a p. 167)
120 g di ricotta o altro formaggio fresco o mozzarella HD
1 fetta di pane con lievito madre tostata (40 g)

2 ORE DOPO CENA

2-3 prugne secche
1 tazza di tisana rilassante
Magnesio

BRODO DI STRACCIATELLA E SPAGHETTI INTEGRALI AL PROFUMO DI LIMONE

INGREDIENTI PER I PORZIONE

40 g di spaghetti integrali spezzati, 1 uovo intero, 1 tuorlo
1 cucchiaino di pecorino grattugiato, 1 ciuffo di prezzemolo
scorza grattugiata di ½ limone, 200 ml di brodo vegetale
2 cucchiai di succo di limone, sale e pepe nero

Mettete a cuocere la pasta in abbondante acqua bollente salata. ■ Nel frattempo, in una ciotola unite l'uovo e il tuorlo, il pecorino, il prezzemolo tritato, la scorza di limone e il pepe nero. ■ Versate in una casseruola il brodo vegetale, il succo di limone e il sale e portate a ebollizione. ■ Sbattete bene il composto ottenuto e unitelo al brodo vegetale aromatizzato. Lasciate cuocere fin quando non risulterà una stracciatella, poi spegnete il fuoco. ■ Scolate la pasta e servitela nel brodo di stracciatella ben caldo.

GIARDINO DEL BENESSERE

INGREDIENTI PER I PORZIONE

80 g di primo sale o giuncata ad alta digeribilità (HD)
50 g di melone retato, 50 g di valeriana
20 g di rucola, 3 gherigli di noce
1 cucchiaio di olio extravergine di oliva
1 cucchiaio di aceto di mele, sale

Tagliate il primo sale a cubetti e metteteli da parte. ■ Fate lo stesso con il melone. ■ Per servire questa gustosa insalata, riunite in una ciotola la valeriana e la rucola, conditele prima con un pizzico di sale, poi con l'aceto di mele e infine con l'olio, mescolando bene. ■ Sistemate l'insalata in un piatto da portata e cospargetela con i cubetti di primo sale, quelli di melone e i gherigli di noce tritati grossolanamente.

20° GIORNO

GIORNO VEGANO ■ Reinseriamo il pomodoro cotto

APPENA SVEGLI

1 bicchiere di acqua con succo di limone

COLAZIONE

1 tazza di latte vegetale di soia, di mandorla, di riso o di nocciola
OPPURE
Tè o tisana di bardana dolcificati con eritritolo
+
1 fetta di pane a lievitazione naturale tostata (40 g)
con un velo di crema tahini o confettura

SPUNTINO DI METÀ MATTINA

1 centrifugato detox con 1 cucchiaio di moringa
OPPURE
1 yogurt vegetale

PRANZO

Antipasto di insalata di soncino con mandorle e finocchi
Sformato di patate al pesto (vedi ricetta a p. 170)

MERENDA (2 ORE DOPO IL PRANZO)

1 frutto tra quelli consentiti
1 tisana depurativa a base di bardana

CENA

Farro & Pomodoro al vetro (vedi ricetta a p. 171)
Fagiolini lessi

2 ORE DOPO CENA

2-3 prugne secche
1 tazza di tisana rilassante
Magnesio

SFORMATO DI PATATE AL PESTO

INGREDIENTI PER 2 PORZIONI

400 g di patate, 250 ml di panna di soia
30 g (+ 20 g per la superficie) di pesto di basilico
25 g di parmigiano grattugiato
olio extravergine di oliva, sale

Mettete sul fuoco una pentola con abbondante acqua salata e portate a bollore. ■ Nel frattempo sbucciate le patate con un pelapatate. ■ Tagliatele sottilmente, a mano o ancor meglio con una mandolina, a uno spessore di circa ½ cm. ■ Sbollentate le fette di patata nell'acqua bollente per circa 30 secondi, poi scolatele e trasferitele in una teglia. ■ Mescolate la panna di soia con il pesto e procedete con la composizione dello sformato. ■ Ungete generosamente una pirofila di 25 cm di lunghezza, e iniziate a posizionare le patate a strati ordinati, versando un paio di cucchiai di panna di soia al pesto sopra ogni strato. ■ Una volta terminato, arrivati ai bordi della pirofila, cospargete la superficie con il parmigiano grattugiato in modo uniforme, e infine distribuite qua e là qualche goccia di pesto. ■ Cuocete lo sformato in forno preriscaldato a 140 °C per circa 30 minuti, poi abbassate a 110 °C e continuate la cottura per altri 40 minuti circa. La cottura lenta è importante per ottenere una pietanza compatta, facile da sformare. Servite non troppo caldo.

FARRO & POMODORO AL VETRO

INGREDIENTI PER UN BARATTOLO DI VETRO DA 500 ML

80 g di pomodoro concassé passato
180 ml di acqua, 50 g di pomodoro fresco
3 foglie di basilico, 70 g di farro
olio extravergine di oliva, sale

In un recipiente mescolate insieme il pomodoro concassé passato, l'acqua, il pomodoro fresco tagliato a cubetti, sale, olio e foglie di basilico spezzettate. ■ Unitevi il farro e mescolate bene. ■ Riempite un barattolo di vetro – assicurandovi che sia di tipologia adatta alla cottura e resistente alle alte temperature – con il composto ottenuto. ■ Chiudete il barattolo e ponetelo in una pentola. ■ Ricopritelo di acqua fino al coperchio, portate a bollore e cuocete il farro a fuoco dolce (l'acqua dovrà sobbollire) per circa 50 minuti-1 ora dall'inizio del bollore. ■ Una volta terminata la cottura, lasciate riposare il barattolo di farro e pomodoro per qualche minuto nell'acqua, poi per almeno 15 minuti a temperatura ambiente. ■ Si serve in tavola il barattolo caldo, si fa aprire al commensale, che potrà capovolgerlo nel proprio piatto e condirlo al momento con un filo d'olio extravergine di oliva a crudo.

Capitolo 6

FASE DI RECUPERO

3° MODULO

Adesso siamo pronti per reinserire tutti gli altri alimenti che nei primi due moduli avevamo temporaneamente eliminato. È arrivato il momento – una scelta che dovrebbe diventare un'abitudine di vita – di portare in tavola gli alimenti di stagione.

Ma perché è importante consumare frutta e verdura di stagione? Come spesso ho spiegato, la natura ci regala, in ogni periodo dell'anno, cibi con particolari proprietà che ci proteggono dalle malattie e ci aiutano a mitigare i piccoli disturbi stagionali. Basti pensare a tutta la grande famiglia delle Crucifere (cavoli, broccoli, rape, cicorie...) o agli agrumi, alimenti presenti soprattutto nella terra dell'inverno, i quali sono ricchi di preziosa vitamina C, utile per proteggerci dalle malattie da raffreddamento. O alle erbette spontanee di primavera, che depurano il fegato in vista del cambio di stagione, aiutano i reni (insieme al fegato, organo più affaticato in primavera) e contribuiscono a combattere la ritenzione idrica. Oppure ai cetrioli e all'anguria dell'estate, che ci riforniscono di preziosa acqua biologica per far fronte all'aumentata disidratazione a causa del caldo.

Di stagione, ma non solo! Quando possibile, prediligete i prodotti locali. Oggi, sempre più persone scelgono di acquistare frutta, verdura e altri alimenti quali uova e formaggi a km 0. Scegliere alimenti della zona significa avere maggiori chance di assumere cibi più sani di cui si conoscono provenienza e metodi di produzione, in particolare se sono biologici e certificati.

Mangiare vegetali locali e di stagione significa anche affidarsi a coltivazioni con bassi costi energetici, evitare le produzioni ottenute in serre riscaldate o quelle provenienti da altre parti del mondo. E poi vogliamo mettere a confronto il gusto di un buon pomodoro maturato al caldo sole estivo rispetto a uno di serra che è stato raccolto ancora acerbo e ha viaggiato per migliaia di chilometri?

Il cibo locale, inoltre, permette un'esperienza culturale intensa che andrebbe sempre sostenuta, perché rappresenta la nostra identità alimentare e le nostre tradizioni, oltre ad aiutare l'agricoltura e l'economia del nostro territorio.

Molto spesso, quando si compra il cibo, non si fa caso a tutto ciò, ma è importante ricordarsi sempre che gli effetti degli acquisti sull'ambiente, sull'economia locale e sul paesaggio sono meno immediati rispetto al prezzo o alla scadenza sulla confezione, ma altrettanto importanti.

Quando fate la spesa, quindi, tenete a mente queste semplici regole:

~ riscoprire i prodotti tradizionali del territorio;
~ scegliere i prodotti corredati da adeguate informazioni sulle tecniche di coltivazione, allevamento e/o trasformazione;
~ comprare solo il necessario per ridurre gli sprechi.

I prodotti ortofrutticoli, soprattutto se freschi, contengono i phytochemicals (acidi organici, polifenoli, oligosaccaridi ecc.), composti organici di origine vegetale che non nutrono ma proteggono l'organismo con diversi meccanismi che vanno dall'azione antiossidante nei confronti dei radicali liberi e nella protezione degli acidi grassi polinsaturi alla funzione di privilegiare lo sviluppo di una flora batterica intestinale favorevole alla salute.

Via libera, quindi, a tutti i tipi di frutta, anche arance, mele, banane, fichi, uva, cocomeri, avocado, ricordando però di reinserirne uno al giorno. Largo spazio anche a broccoli, rape, radicchi, spinaci anche non passati al passaverdura, bietole, cicoria, mais, crauti.

Le insalate potranno essere condite con l'aceto di vino bianco o, per chi ama i sapori più strutturati, con quello balsamico. E gli amanti dei legumi si concedano un buon piatto di lenticchie, di ceci o di qualsiasi altro appartenente a questa categoria. Per cucinare si potranno riutilizzare aglio e cipolla tritati e tutte le spezie e le piante aromatiche, compresa la menta.

Portiamo in tavola anche tutti i tipi di funghi e i formaggi più stagionati, come il pecorino.

Un consiglio prima di iniziare: non dimenticate di compilare un diario alimentare, che in quest'ultima fase risulterà ancora più utile. Se quando mangerete i fagioli interi, per esempio, avvertirete una sensazione di gonfiore, eliminate questo alimento per almeno 3 giorni e provate a reinserirlo più avanti. Se causa ancora fastidio, eliminatelo per almeno altri 10 giorni e poi provate di nuovo.

In questo modo, avrete tutti gli strumenti per creare una dieta davvero benefica per il vostro intestino.

Ancora per i prossimi 10 giorni mantenete il latte e i suoi derivati a basso contenuto di lattosio. Fate ancora a meno delle bibite gassate, del lievito e, naturalmente, di tutti gli alcolici in generale.

Nell'ultimo capitolo spiegherò l'importanza di un sano stile alimentare da mantenere nella vita e fornirò i consigli per la reintroduzione di carne e pesce per le persone onnivore.

CIBI PERMESSI

- Aceto di mele, di vino bianco e balsamico
- Aglio (anche tritato)
- Biscotti senza latte (HD - 0,1% di lattosio)
- Brodo vegetale e dadi vegetali
- Burro HD
- Cereali
- Cioccolato fondente e cacao
- Cipolla (anche tritata)
- Confetture e marmellate
- Crauti
- Curcuma
- Frutta (tutta)
- Frutta secca (tutta)
- Funghi (tutti)
- Kefir
- Latticini: grana, parmigiano, latte e derivati ad alta digeribilità (HD - 0,1% di lattosio) o latte di soia, di mandorla, di riso o di nocciola, formaggi stagionati
- Legumi
- Liquirizia
- Mais
- Melanzane e peperoni
- Miele
- Pasta, pane e pizza realizzati con farina di grano
- Riso e patate precedentemente sbollentati
- Spezie e piante aromatiche (tutte)
- Verdure (tutte)
- Vino ricco di resveratrolo (½ bicchiere per la donna, 1 bicchiere per l'uomo, solo a cena)

La nuova dieta 4 più 1 - 4 più 1

- Yogurt delattosato o yogurt vegetale
- Zenzero

METODI DI COTTURA
- Alla brace
- Frittura (una tantum)

PER CONDIRE LE INSALATE
- Salsina di olio extravergine di oliva con succo di limone e una puntina di senape dolce.

IN BREVE

REINSERIAMO
- Aceto di vino bianco e balsamico
- Aglio e cipolla
- Formaggi stagionati come il pecorino
- Frutta (tutti i tipi)
- Funghi (tutti)
- Legumi interi
- Mais
- Spezie e piante aromatiche (tutte)
- Verdure, compresi broccoli, rape, radicchio, spinaci anche non passati al passaverdura, bietole, cicoria, crauti

21° GIORNO
Reinseriamo zuppa di cereali e legumi

APPENA SVEGLI

1 bicchiere di acqua con succo di limone

COLAZIONE
Colazione dolce o salata

COLAZIONE DOLCE

1 kefir con semi di lino
OPPURE
1 tazza di latte delattosato (HD), di soia,
di mandorla, di riso o di nocciola
OPPURE
Tè o tisana di bardana dolcificati con eritritolo
+
1 fetta di pane a lievitazione naturale tostata (40 g)
con miele o confettura
OPPURE
1 fetta di ciambella preparata con latte delattosato (HD)
e bicarbonato come agente lievitante
OPPURE
2-3 biscotti secchi senza latte
o preparati con latte vegetale (vedi ricetta a p. 84)

COLAZIONE SALATA

Tè o tisana di bardana
+
1 fetta di pane a lievitazione naturale tostata (40 g)
con una frittatina di 2 albumi e 1 cucchiaino di olio evo
OPPURE
1 fetta di pane a lievitazione naturale tostata (40 g)
con un velo di formaggio spalmabile

La nuova dieta 4 più 1 - 4 più 1

SPUNTINO DI METÀ MATTINA

1 frutto a scelta

OPPURE

1 yogurt delattosato

PRANZO

Antipasto di agretti o finocchi

Zuppa di grano e fagioli al profumo di salvia (vedi ricetta a p. 182)

MERENDA (2 ORE DOPO IL PRANZO)

1 frutto a scelta

1 tisana depurativa a base di bardana

CENA

Minestra di pasta integrale e tricolore
di verdure (vedi ricetta a p. 183)

2 ORE DOPO CENA

2-3 prugne secche

1 tazza di tisana rilassante

Magnesio

ZUPPA DI GRANO E FAGIOLI AL PROFUMO DI SALVIA

INGREDIENTI PER 1 PORZIONE

40 g di grano tenero intero in chicchi
30 g di sedano, 30 g di carota
20 g di cipolla, 150 ml di acqua, 2 foglie di salvia
5 cucchiai di passata di pomodoro
60 g di fagioli cannellini cotti
olio extravergine di oliva, sale

Dopo aver cotto il grano in acqua bollente, lasciatelo raffreddare nell'acqua di cottura. ■ Tagliate sedano, carota e cipolla a cubetti, e trasferiteli in una ciotola. Conditeli con un pizzico di sale e un cucchiaio d'olio, come si trattasse di un'insalata. ■ Cuocete le verdure in una casseruola a fiamma dolce, coperte. ■ Una volta che le verdure saranno appassite, aggiungete l'acqua, la salvia e la passata di pomodoro, lasciando sobbollire a fuoco dolce. ■ Aggiungete poi i fagioli e il grano, lasciandoli cuocere per almeno 15 minuti. ■ Rimuovete le foglie di salvia dalla preparazione e servite la zuppa di grano e fagioli ben calda.

MINESTRA DI PASTA INTEGRALE E TRICOLORE DI VERDURE

INGREDIENTI PER I PORZIONE

1 litro di acqua, 100 g di zucchine
40 g di sedano, ½ cipollotto, 50 g di carota
80 g di cavolfiore, 70 g di tubettini integrali
1 cucchiaio di olio extravergine di oliva, sale

Mettete sul fuoco una pentola con il litro d'acqua, salate leggermente e portate a bollore. ■ Nel frattempo, mondate e lavate le verdure: mantenete le zucchine, il sedano e il cipollotto interi, pelate la carota e riducete il cavolfiore in cimette. ■ Quando l'acqua avrà preso il bollore, abbassate il fuoco al minimo e tuffatevi le verdure, lasciandole cuocere. ■ Una volta pronte, scolatele, conservando però tutto il brodo di cottura. ■ Lasciate raffreddare le verdure su un tagliere, poi procedete a tagliare quelle cotte intere (zucchine, carote, sedano, cipollotto) a cubetti. ■ Cuocete i tubettini integrali in abbondante acqua salata. ■ Quando la pasta sarà pronta, scolatela e trasferitela su un piatto, unite le verdure e coprite con il brodo caldo. È una minestra salutare, ottima se accompagnata da un filo di olio extravergine a crudo.

22° GIORNO

Reinseriamo l'avocado

APPENA SVEGLI

1 bicchiere di acqua con succo di limone

COLAZIONE

Colazione dolce o salata

COLAZIONE DOLCE

1 kefir con semi di lino

OPPURE

1 tazza di latte delattosato (HD), di soia,
di mandorla, di riso o di nocciola

OPPURE

Tè o tisana di bardana dolcificati con eritritolo

+

1 fetta di pane a lievitazione naturale tostata (40 g)
con miele o confettura

OPPURE

1 fetta di ciambella preparata con latte delattosato (HD)
e bicarbonato come agente lievitante

OPPURE

2-3 biscotti secchi senza latte
o preparati con latte vegetale (vedi ricetta a p. 84)

COLAZIONE SALATA

Tè o tisana di bardana

+

1 fetta di pane a lievitazione naturale tostata (40 g)
con una frittatina di 2 albumi e 1 cucchiaino di olio evo

OPPURE

1 fetta di pane a lievitazione naturale tostata (40 g)
con un velo di formaggio spalmabile

SPUNTINO DI METÀ MATTINA

1 frutto a scelta
OPPURE
1 yogurt delattosato

PRANZO

Antipasto di rape rosse
Risotto agli spinaci e parmigiano (vedi ricetta a p. 186)

MERENDA (2 ORE DOPO IL PRANZO)

1 frutto a scelta
1 tisana depurativa a base di bardana

CENA

Caprese all'avocado su pane tostato (vedi ricetta a p. 187)

2 ORE DOPO CENA

2-3 prugne secche
1 tazza di tisana rilassante
Magnesio

Fase di recupero

RISOTTO AGLI SPINACI E PARMIGIANO

INGREDIENTI PER I PORZIONE

30 g di cipolla, 50 g di spinaci cotti
10 g di burro ad alta digeribilità (HD), 70 g di riso superfino
20 ml di vino bianco secco, 500 ml di brodo vegetale
2 cucchiaini di parmigiano grattugiato
1 cucchiaio di olio extravergine di oliva, sale

Iniziate con la preparazione della cipolla maturata: tritatela finemente, mettetela in un pentolino e unitevi l'olio e 4 cucchiai di acqua. ■ Lasciatela appassire a fuoco dolce, coperta, finché non sarà diventata morbida e quasi trasparente. ■ A parte, frullate gli spinaci in una crema di consistenza fine, e tenete da parte. ■ Portate una piccola casseruola sul fuoco, fatevi sciogliere la noce di burro e unite il riso. ■ Lasciatelo tostare mescolando di tanto in tanto, finché i chicchi non saranno diventati traslucidi. ■ Sfumate con il vino bianco, lasciandolo evaporare completamente, quindi aggiungete la cipolla maturata. ■ A questo punto, procedete con l'aggiunta graduale del brodo caldo fino a cottura. ■ Quando il risotto sarà pronto, toglietelo dal fuoco e mantecatelo con il parmigiano. ■ Servite versando la crema di spinaci sul fondo del piatto e ricoprendola poi con il risotto caldo.

CAPRESE ALL'AVOCADO
SU PANE TOSTATO

INGREDIENTI PER I PORZIONE

1 fetta di pane di 120 g e circa 2 cm di spessore
100 g di pomodoro rosso a grappolo
40 g di avocado già pulito
100 g di mozzarella ad alta digeribilità (HD)
2 foglie di basilico fresco
olio extravergine di oliva, sale

Iniziate con la tostatura della fetta di pane: passatela in congelatore per almeno 15-20 minuti. Nel frattempo, preriscaldate il forno a 220 °C, e una volta a temperatura posate sulla griglia la fetta di pane ben fredda, lasciandola tostare. Con questo piccolo accorgimento il pane diventerà croccante all'esterno, rimanendo morbido al cuore. ■ Tagliate il pomodoro, l'avocado e la mozzarella a fette spesse 0,5 cm. ■ Una volta sfornata la fetta di pane, disponetela su un piatto e sistematevi le fette di pomodoro, avocado e mozzarella, alternate e leggermente accavallate tra loro. ■ Condite il tutto con le foglie di basilico spezzettate, un pizzico di sale e un filo di olio extravergine di oliva.

23° GIORNO
Reinseriamo il mais

APPENA SVEGLI

1 bicchiere di acqua con succo di limone

COLAZIONE

Colazione dolce o salata

COLAZIONE DOLCE

1 kefir con semi di lino

OPPURE

1 tazza di latte delattosato (HD), di soia,
di mandorla, di riso o di nocciola

OPPURE

Tè o tisana di bardana dolcificati con eritritolo

+

1 fetta di pane a lievitazione naturale tostata (40 g)
con miele o confettura

OPPURE

1 fetta di ciambella preparata con latte delattosato (HD)
e bicarbonato come agente lievitante

OPPURE

2-3 biscotti secchi senza latte
o preparati con latte vegetale (vedi ricetta a p. 84)

COLAZIONE SALATA

Tè o tisana di bardana

+

1 fetta di pane a lievitazione naturale tostata (40 g)
con una frittatina di 2 albumi e 1 cucchiaino di olio evo

OPPURE

1 fetta di pane a lievitazione naturale tostata (40 g)
con un velo di formaggio spalmabile

SPUNTINO DI METÀ MATTINA

1 frutto a scelta
OPPURE
1 yogurt delattosato

PRANZO

Antipasto di insalata di valeriana
Fettuccine all'uovo in salsa
al pomodoro e basilico (vedi ricetta a p. 190)

MERENDA (2 ORE DOPO IL PRANZO)

1 frutto a scelta
1 tisana depurativa a base di bardana

CENA

Insalata alle uova mimosa (vedi ricetta a p. 191)

2 ORE DOPO CENA

2-3 prugne secche
1 tazza di tisana rilassante
Magnesio

FETTUCCINE ALL'UOVO IN SALSA AL POMODORO E BASILICO

INGREDIENTI PER 1 PORZIONE

PER LA PASTA ALL'UOVO
150 g di farina 00, 1 uovo intero, 1 tuorlo
2 cucchiaini di parmigiano grattugiato, sale

PER LA SALSA DI POMODORO E BASILICO
20 g di scalogno, 250 g di pomodori pelati
3 foglie di basilico, olio extravergine di oliva, sale

Disponete la farina a fontana sul piano di lavoro. ■ In una ciotola sbattete l'uovo e il tuorlo, unendo un pizzico di sale. ■ Versate le uova nel centro della fontana, e iniziate a incorporarle gradualmente alla farina con le mani, sempre più energicamente e rapidamente. ■ Se l'impasto risultasse troppo duro, ammorbiditelo con poca acqua: dovrà risultare liscio ed elastico. ■ Una volta pronto, avvolgetelo in pellicola per alimenti e fatelo riposare almeno un'ora in frigorifero prima di utilizzarlo. ■ Con l'apposita macchinetta stendete la pasta in sfoglie e poi ricavatene delle fettuccine, che metterete ad asciugare in una teglia spolverata con poca farina. ■ Preparate poi la salsa: in un pentolino versate un cucchiaio di olio, e unitevi a freddo lo scalogno tritato. ■ Coprite e fate andare a fuoco dolce: otterrete così un soffritto delicato. ■ Una volta che il fondo sarà pronto e profumato, aggiungete i pomodori pelati, che avrete passato al passaverdura, e le foglie di basilico spezzettate. ■ Lasciate cuocere il tutto per circa 15 minuti. Regolate di sale solo al termine della preparazione. ■ Cuocete le fettuccine in abbondante acqua salata, e, una volta pronte, scolatele e ripassatele nella salsa di pomodoro e basilico, rigorosamente fuori dal fuoco. ■ Impiattate e servite la pasta cospargendola con il parmigiano grattugiato.

INSALATA ALLE UOVA MIMOSA

INGREDIENTI PER I PORZIONE

1 uovo intero, 50 g di lattughino
40 g di mais precotto, 40 g di germogli di soia
30 g di crostini di pane tostato
1 cucchiaio di olio extravergine di oliva
aceto di vino bianco, sale

Iniziate con la preparazione dell'uovo sodo: copritelo con acqua fredda in un pentolino e aggiungete poco sale e aceto. ■ Fate cuocere per circa 8 minuti dall'ebollizione (a seconda delle dimensioni dell'uovo, potrebbero servire fino a 10 minuti). ■ Una volta pronto, raffreddate l'uovo sotto acqua fredda corrente, rompendo leggermente il guscio e lasciandolo riposare nell'acqua per favorire il distacco della pellicina. ■ Sbucciate l'uovo, separate l'albume dal tuorlo e mettete da parte. ■ Riunite in una ciotola le foglie di lattughino, il mais e i germogli di soia, e condite il tutto con un pizzico di sale, mescolando bene, e poi con l'olio. ■ Sistemate l'insalata in un piatto da portata e cospargetela con l'albume e il tuorlo schiacciati al setaccio (ecco perché si chiamano "uova mimosa"!). ■ Rifinite il piatto con i crostini di pane tostato e servite.

24° GIORNO
Reinseriamo i cavoli (crauti) e l'aceto

APPENA SVEGLI

1 bicchiere di acqua con succo di limone

COLAZIONE

Colazione dolce o salata

COLAZIONE DOLCE

1 kefir con semi di lino
OPPURE
1 tazza di latte delattosato (HD), di soia,
di mandorla, di riso o di nocciola
OPPURE
Tè o tisana di bardana dolcificati con eritritolo

+

1 fetta di pane a lievitazione naturale tostata (40 g)
con miele o confettura
OPPURE
1 fetta di ciambella preparata con latte delattosato (HD)
e bicarbonato come agente lievitante
OPPURE
2-3 biscotti secchi senza latte
o preparati con latte vegetale (vedi ricetta a p. 84)

COLAZIONE SALATA

Tè o tisana di bardana

+

1 fetta di pane a lievitazione naturale tostata (40 g)
con una frittatina di 2 albumi e 1 cucchiaino di olio evo
OPPURE
1 fetta di pane a lievitazione naturale tostata (40 g)
con un velo di formaggio spalmabile

SPUNTINO DI METÀ MATTINA

1 frutto a scelta

OPPURE

1 yogurt delattosato

PRANZO

Antipasto di insalata tenera a scelta
Risotto allo zafferano e parmigiano (vedi ricetta a p. 194)

MERENDA (2 ORE DOPO IL PRANZO)

1 frutto a scelta
1 tisana depurativa a base di bardana

CENA

Burger di soia con cavolo cappuccio
e mirtilli in agrodolce (vedi ricetta a p. 195)
1 fetta di pane di segale tostata (40 g)

2 ORE DOPO CENA

2-3 prugne secche
1 tazza di tisana rilassante
Magnesio

Fase di recupero

RISOTTO ALLO ZAFFERANO E PARMIGIANO

INGREDIENTI PER 1 PORZIONE

30 g di cipolla, 4 cucchiai di acqua
10 g di burro ad alta digeribilità (HD)
70 g di riso superfino, 1 bustina di zafferano
20 ml di vino bianco secco
500 ml di brodo vegetale
2 cucchiaini di parmigiano grattugiato
1 cucchiaio di olio extravergine di oliva, sale

Iniziate con la preparazione della cipolla maturata: tritatela finemente, mettetela in una padellina e unitevi l'olio e l'acqua. ■ Lasciatela appassire, coperta, a fuoco dolce, finché non sarà diventata morbida e quasi trasparente. ■ Portate una piccola casseruola sul fuoco, fatevi sciogliere la noce di burro e unite il riso. ■ Lasciatelo tostare mescolando di tanto in tanto, finché i chicchi non saranno diventati traslucidi. ■ Sciogliete lo zafferano nel vino bianco e sfumate il riso, lasciando evaporare completamente, quindi aggiungete la cipolla maturata. ■ A questo punto, procedete con l'aggiunta graduale del brodo caldo fino a cottura. ■ Quando il risotto sarà pronto, toglietelo dal fuoco e mantecatelo con il parmigiano grattugiato. ■ Servite ben caldo.

BURGER DI SOIA CON CAVOLO CAPPUCCIO E MIRTILLI IN AGRODOLCE

INGREDIENTI PER 1 PORZIONE

100 g di cavolo cappuccio rosso
1 presa di zucchero integrale di canna
40 g di mirtilli freschi, 1 burger di soia (circa 70 g)
olio extravergine di oliva, 20 ml di aceto di vino bianco, sale

Iniziate con la preparazione del contorno agrodolce: tagliate finemente il cavolo a julienne, versatelo in una ciotola e conditelo prima con il sale e lo zucchero, mescolando bene per farli sciogliere, e poi con 2 cucchiai d'olio. ■ Mettete una casseruola a scaldare sul fuoco e trasferitevi il cavolo cappuccio condito, lasciandolo stufare a fiamma dolce, coperto. ■ Pochi minuti prima del termine della cottura, scoprite la casseruola e sfumate il cavolo rosso con l'aceto, avendo cura di versarlo lungo i bordi e di lasciarlo evaporare completamente. ■ Tagliate a metà i mirtilli freschi, aggiungeteli alla preparazione e cuocete il tutto a fiamma viva ancora per pochi minuti. ■ Cuocete infine il burger di soia in un padellino con un cucchiaino d'olio, e servitelo con il contorno agrodolce.

25° GIORNO

GIORNO VEGANO ■ Reinseriamo le arance

APPENA SVEGLI

1 bicchiere di acqua con succo di limone

COLAZIONE

1 tazza di latte vegetale di soia, di mandorla, di riso o di nocciola

OPPURE

Tè o tisana di bardana dolcificati con eritritolo

+

1 fetta di pane a lievitazione naturale tostata (40 g)
con un velo di crema tahini o confettura

SPUNTINO DI METÀ MATTINA

1 centrifugato detox con 1 cucchiaio di moringa

OPPURE

1 yogurt vegetale

PRANZO

Insalata di finocchi e arance
Orecchiette fave, cicoria e pane croccante (vedi ricetta a p. 198)

MERENDA (2 ORE DOPO IL PRANZO)

1 spremuta di arance
1 tisana depurativa a base di bardana

CENA

Sformato verde di bianco vestito (vedi ricetta a p. 199)

2 ORE DOPO CENA

2-3 prugne secche
1 tazza di tisana rilassante
Magnesio

ORECCHIETTE FAVE, CICORIA E PANE CROCCANTE

INGREDIENTI PER 4 PORZIONI

40 g di fave novelle piccole, timo fresco
20 g di mollica di pane raffermo
½ peperoncino fresco, ½ spicchio di aglio
100 g di catalogna fresca, 60 g di orecchiette secche
olio extravergine di oliva
aceto di vino bianco, sale

Sbucciate le fave, rimuovendone anche la pellicina esterna, e mettetele in cottura in un pentolino con acqua bollente e sale. ■ Una volta pronte, scolatele, trasferitele in una ciotola e conditele con il sale, un po' di aceto, un cucchiaio di olio e il timo tritato. ■ In un robot da cucina mettete la mollica di pane raffermo a pezzetti insieme al peperoncino (a cui avrete rimosso i semi interni e l'apice), l'aglio e un cucchiaio di olio. ■ Frullate bene il tutto fino a ottenere pane tritato dalla grana non troppo fine, che metterete a scaldare in una padella antiaderente, mescolandolo finché non sarà divenuto croccante. ■ Tuffate la catalogna, lavata e spezzettata, in una pentola con acqua bollente salata. ■ Fate cuocere per qualche minuto, poi nella stessa acqua aggiungete le orecchiette. ■ Terminata la cottura, scolate la pasta e la catalogna, unitevi le fave e condite il tutto con un cucchiaio di olio, mescolando bene fuori dal fuoco. ■ Servite la pasta cosparsa con la mollica di pane croccante.

SFORMATO VERDE
DI BIANCO VESTITO

INGREDIENTI PER 6 PORZIONI

100 g di broccoli siciliani
200 g di patate, 15 g di amido di mais
40 g di stracchino di riso
polvere di funghi porcini essiccati
olio extravergine di oliva, sale

Mondate e lavate i broccoli, divideteli in cimette e cuocetele in abbondante acqua salata. ■ In una casseruola lessate le patate con la buccia e una generosa quantità di sale. ■ Appena pronto, con uno schiacciapatate riducetele in purea, lasciandola cadere in una ciotola. Salatele leggermente. ■ Tritate al coltello i broccoli cotti e mescolateli all'impasto di patate. ■ Incorporate anche l'amido di mais, e mischiate per ottenere un composto omogeneo. Trasferite il composto in una sacca da pasticceria. ■ Ungete bene degli stampini monoporzione e riempiteli fino al bordo. ■ Passate in forno preriscaldato a 170 °C, e cuocete gli sformatini per circa 25-30 minuti. ■ Sfornate, lasciate riposare per almeno 10 minuti, poi sformate e servite con lo stracchino di riso e la polvere di funghi porcini essiccati.

26° GIORNO
Reinseriamo i funghi *Pleurotus*

APPENA SVEGLI

1 bicchiere di acqua con succo di limone

COLAZIONE

Colazione dolce o salata

COLAZIONE DOLCE

1 kefir con semi di lino
OPPURE
1 tazza di latte delattosato (HD), di soia,
di mandorla, di riso o di nocciola
OPPURE
Tè o tisana di bardana dolcificati con eritritolo
+
1 fetta di pane a lievitazione naturale tostata (40 g)
con miele o confettura
OPPURE
1 fetta di ciambella preparata con latte delattosato (HD)
e bicarbonato come agente lievitante
OPPURE
2-3 biscotti secchi senza latte
o preparati con latte vegetale (vedi ricetta a p. 84)

COLAZIONE SALATA

Tè o tisana di bardana
+
1 fetta di pane a lievitazione naturale tostata (40 g)
con una frittatina di 2 albumi e 1 cucchiaino di olio evo
OPPURE
1 fetta di pane a lievitazione naturale tostata (40 g)
con un velo di formaggio spalmabile

SPUNTINO DI METÀ MATTINA

1 frutto a scelta

OPPURE

1 yogurt delattosato

PRANZO

Antipasto di insalata tenera

Pennette melanzane, menta e caciocavallo (vedi ricetta a p. 202)

MERENDA (2 ORE DOPO IL PRANZO)

1 frutto a scelta

1 tisana depurativa a base di bardana

CENA

2 uova strapazzate in padella con pomodori e piselli

Funghi gratinati al vino bianco (vedi ricetta a p. 203)

1 fetta di pane a lievitazione naturale tostata (40 g)

2 ORE DOPO CENA

2-3 prugne secche

1 tazza di tisana rilassante

Magnesio

Fase di recupero

PENNETTE MELANZANE, MENTA E CACIOCAVALLO

INGREDIENTI PER I PORZIONE

70 g di pennette
15 g di caciocavallo stagionato a scaglie

PER LA CREMA DI MELANZANE ALLA MENTA

1 piccola melanzana (circa 150 g)
1 spicchio di aglio, 3 foglie di menta
1 cucchiaio di olio extravergine di oliva, sale

Iniziate con la cottura della melanzana al forno: riducete lo spicchio di aglio a fettine, con un coltello praticate dei tagli su tutta la superficie della melanzana e inserite in ciascun taglio una fettina di aglio. ▪ Mettete la melanzana a cuocere su griglia, avendo cura che il forno sia già caldo a 220 °C. ▪ Cuocete la melanzana finché non risulterà morbida e cedevole. ▪ Una volta sfornata, mettetela in una ciotola e coprite con pellicola per alimenti, lasciando riposare il tutto per favorire l'azione del vapore post cottura, che renderà più facile la rimozione della buccia. ▪ Spellate quindi la melanzana e passate la polpa al passaverdura insieme alle foglie di menta spezzettate. ▪ Correggete la crema con un pizzico di sale solo al termine della preparazione. ▪ Cuocete le pennette in abbondante acqua bollente salata. ▪ Una volta pronte, scolatele e ripassatele, rigorosamente fuori dal fuoco, nella crema di melanzane alla menta. Servite con scaglie di caciocavallo stagionato.

FUNGHI GRATINATI
AL VINO BIANCO

INGREDIENTI PER I PORZIONE

200 g di funghi Pleurotus freschi, 2 ciuffi di prezzemolo
2 cucchiai di vino bianco, pane grattugiato
olio extravergine di oliva, sale

Mondate i funghi e sciacquateli velocemente sotto acqua corrente (non lasciateli mai a bagno: si impregnerebbero eccessivamente di acqua), avendo cura di rimuovere bene i residui terrosi. ▪ Manteneteli interi e poneteli in una ciotola. ▪ Insaporiteli prima con una presa di sale, poi con il prezzemolo tritato e il vino. ▪ Lasciateli riposare per pochi minuti, poi conditeli con un cucchiaio d'olio, mescolando bene. ▪ Sistemate i funghi in una teglia, avendo cura di rivolgere le lamelle verso l'alto. ▪ Spolverateli con poco pane grattugiato e cuoceteli in forno preriscaldato a 170 °C finché non saranno ben gratinati. ▪ Servite ben caldo.

27° GIORNO

Reinseriamo il radicchio e il pecorino

APPENA SVEGLI

1 bicchiere di acqua con succo di limone

COLAZIONE

Colazione dolce o salata

COLAZIONE DOLCE

1 kefir con semi di lino
OPPURE
1 tazza di latte delattosato (HD), di soia,
di mandorla, di riso o di nocciola
OPPURE
Tè o tisana di bardana dolcificati con eritritolo
+
1 fetta di pane a lievitazione naturale tostata (40 g)
con miele o confettura
OPPURE
1 fetta di ciambella preparata con latte delattosato (HD)
e bicarbonato come agente lievitante
OPPURE
2-3 biscotti secchi senza latte
o preparati con latte vegetale (vedi ricetta a p. 84)

COLAZIONE SALATA

Tè o tisana di bardana
+
1 fetta di pane a lievitazione naturale tostata (40 g)
con una frittatina di 2 albumi e 1 cucchiaino di olio evo
OPPURE
1 fetta di pane a lievitazione naturale tostata (40 g)
con un velo di formaggio spalmabile

SPUNTINO DI METÀ MATTINA

1 frutto a scelta
OPPURE
1 yogurt delattosato

PRANZO

Antipasto di insalata di valeriana
Gnocchi di zucca al burro,
salvia e parmigiano (vedi ricetta a p. 206)

MERENDA (2 ORE DOPO IL PRANZO)

1 frutto a scelta
1 tisana depurativa a base di bardana

CENA

Patate stufate con ortaggi al pomodoro
e origano (vedi ricetta a p. 207)
Insalata di pere, pecorino, noci, radicchio
1 fetta di pane integrale tostata (40 g)

2 ORE DOPO CENA

2-3 prugne secche
1 tazza di tisana rilassante
Magnesio

GNOCCHI DI ZUCCA AL BURRO, SALVIA E PARMIGIANO

INGREDIENTI PER 1 PORZIONE

150 g di zucca gialla, 100 g di patate, 1 tuorlo d'uovo
40 g di farina di grano tenero integrale, sale

PER IL CONDIMENTO

15 g di burro ad alta digeribilità (HD), 2 foglie di salvia
1 cucchiaino di parmigiano grattugiato

Avvolgete il pezzo di zucca intero in un foglio di alluminio da cucina, mettetelo in una teglia e cuocete in forno preriscaldato a 100 °C finché non risulterà morbida e cedevole. ■ Passate la zucca al passaverdura, e tenetela da parte. ■ Dedicatevi ora alla cottura delle patate. Qualora la pietanza fosse preparata per più persone, si consiglia di scegliere patate tutte della stessa dimensione, per consentire una cottura omogenea in tempi similari. ■ Mettete le patate in un pentolino, ricopritele con acqua fredda e salate generosamente, al fine di cambiare la densità dell'acqua e mantenere la polpa soda anche dopo la cottura. ■ Cuocete a calore medio e continuo. ■ Una volta pronte, sbucciate le patate ancora calde e passatele subito allo schiacciapatate. ■ Riunite su una spianatoia la purea di zucca e quella di patate, aggiungete il tuorlo, un pizzico di sale e mescolate bene. ■ Incorporate quindi anche la farina, lavorando fino a ottenere un impasto morbido. ■ Formate dei cordoncini e, con un coltello, tagliateli a tocchetti, che potrete mantenere lisci o rigare con i rebbi di una forchetta. ■ Mettete sul fuoco una pentola con abbondante acqua e portate a bollore. ■ In un padellino mettete il burro con la salvia, coprite e lasciate cuocere a fiamma dolce. ■ Quando l'acqua avrà raggiunto il bollore, salate e tuffatevi gli gnocchi, scolateli non appena saranno saliti tutti in superficie. ■ Ripassateli nel condimento al burro e salvia e serviteli ben caldi, cospargendoli con il parmigiano.

PATATE STUFATE CON ORTAGGI AL POMODORO E ORIGANO

INGREDIENTI PER 4 PORZIONI

2 patate piccole (150 g circa), paprika dolce
70 g di melanzane, 70 g di zucchine, 5 peperoni friggitelli
3 cucchiai di passata di pomodoro
1 pizzico di origano, olio extravergine di oliva
½ cucchiaio di sale grosso, sale fino

Lavate, asciugate e tagliate a metà le patate nel senso della lunghezza. ■ Ungetele leggermente sul lato senza buccia. ■ Cospargete il fondo di una piccola casseruola con il sale grosso e distribuitevi sopra le patate con il lato senza buccia a contatto con il sale, coprite e lasciate cuocere a fiamma bassissima per circa 35-40 minuti, finché non risulteranno ben morbide e rosolate. ■ Lasciatele riposare nel loro recipiente di cottura con il coperchio, girandole e spolverandole con della paprika dolce. ■ Lavate e mondate le verdure. ■ Tagliate melanzane e zucchine a cubetti della stessa dimensione. ■ Tagliate i peperoni friggitelli a metà nel senso della lunghezza, rimuovete i semi interni e riduceteli a pezzettoni. ■ Riunite le verdure in una ciotola e conditele con un pizzico di sale, mescolando bene per farlo sciogliere, e poi con un cucchiaio d'olio. ■ Cuocete le verdure in una padella antiaderente ben calda, utilizzando un coperchio per i primi minuti, quindi saltando le verdure in modo che rimangano croccanti. ■ Infine, unite alle verdure la passata di pomodoro, l'origano e un paio di cucchiai d'acqua, lasciando cuocere ancora per qualche minuto con il coperchio. ■ Servite le verdure spadellate al pomodoro con le patate stufate d'accompagnamento.

Fase di recupero

28° GIORNO

Reinseriamo il pane di grano duro e le lenticchie

APPENA SVEGLI

1 bicchiere di acqua con succo di limone

COLAZIONE

Colazione dolce o salata

COLAZIONE DOLCE

1 kefir con semi di lino

OPPURE

1 tazza di latte delattosato (HD), di soia,
di mandorla, di riso o di nocciola

OPPURE

Tè o tisana di bardana dolcificati con eritritolo

+

1 fetta di pane a lievitazione naturale tostata (40 g)
con miele o confettura

OPPURE

1 fetta di ciambella preparata con latte delattosato (HD)
e bicarbonato come agente lievitante

OPPURE

2-3 biscotti secchi senza latte
o preparati con latte vegetale (vedi ricetta a p. 84)

COLAZIONE SALATA

Tè o tisana di bardana

+

1 fetta di pane a lievitazione naturale tostata (40 g)
con una frittatina di 2 albumi e 1 cucchiaino di olio evo

OPPURE

1 fetta di pane a lievitazione naturale tostata (40 g)
con un velo di formaggio spalmabile

SPUNTINO DI METÀ MATTINA

1 frutto a scelta
OPPURE
1 yogurt delattosato

PRANZO

Antipasto di rucola e lattughino
Zuppa di lenticchie al pane sotto (vedi ricetta a p. 210)

MERENDA (2 ORE DOPO IL PRANZO)

1 frutto a scelta
1 tisana depurativa a base di bardana

CENA

Insalata di iceberg, carote, feta e tofu
al profumo di rucola (vedi ricetta a p. 211)
1 fetta di pane a lievitazione naturale tostata (40 g)

2 ORE DOPO CENA

2-3 prugne secche
1 tazza di tisana rilassante
Magnesio

Fase di recupero

ZUPPA DI LENTICCHIE
AL PANE SOTTO

INGREDIENTI PER I PORZIONE

40 g di lenticchie secche, 20 g di cipolla
20 g di sedano, 400 ml di acqua
2 cucchiai di passata di pomodoro
2 fette di pane casereccio raffermo (40 g)
2 cucchiaini di pecorino romano grattugiato
2 cucchiai di olio extravergine di oliva, sale

Mettete a bagno le lenticchie in acqua fredda, lasciandole reidratare per circa mezz'ora. ■ Nel frattempo, mondate cipolla e sedano, lavateli e tagliateli finemente. ■ Poneteli in una piccola casseruola con un cucchiaio di olio e lasciateli soffriggere dolcemente, coperti, per pochi minuti. ■ Unitevi le lenticchie, l'acqua e la passata di pomodoro. ■ Mescolate bene e cuocete, coperto, sempre a fuoco dolcissimo. ■ Abbiate cura che il bollore non sia mai troppo forte, e di aggiungere il sale solo al termine della preparazione. ■ Una volta che la zuppa di lenticchie sarà pronta, prendete una ciotolina di terracotta da forno e disponetevi sul fondo le fette di pane, spolveratele con il pecorino grattugiato e ricoprite il tutto con la zuppa ben calda. ■ Lasciate riposare per 5 minuti prima di portare in tavola, affinché il pane si ammorbidisca.

INSALATA DI ICEBERG, CAROTE, FETA E TOFU AL PROFUMO DI RUCOLA

INGREDIENTI PER 1 PORZIONE

20 g di rucola, 40 g di tofu al naturale
50 g di cuori di iceberg
50 g di carote, 40 g di formaggio feta
1 cucchiaio di olio extravergine di oliva, sale

Iniziate con la preparazione del tofu al profumo di rucola: utilizzando una centrifuga, o ancor meglio un estrattore, ottenete il succo fresco di rucola, e raccoglietelo in una ciotolina. ▪ Tagliate il tofu a cubetti, poneteli nella ciotolina con l'estratto di rucola e mescolate bene. ▪ Mettete a riposare in frigorifero per almeno mezz'ora. ▪ Affettate finemente i cuori di iceberg; pelate le carote e tagliatele a julienne. ▪ Riunite il tutto in una ciotola e condite l'insalata prima con un pizzico di sale, mescolando bene per farlo sciogliere, poi con un cucchiaio d'olio. ▪ Servite l'insalata in un piatto capiente, cospargendola con la feta sbriciolata e i cubetti di tofu alla rucola (ben scolati dal liquido aromatizzante).

29° GIORNO
Reinseriamo i ceci interi

APPENA SVEGLI

1 bicchiere di acqua con succo di limone

COLAZIONE

Colazione dolce o salata

COLAZIONE DOLCE

1 kefir con semi di lino
OPPURE
1 tazza di latte delattosato (HD), di soia,
di mandorla, di riso o di nocciola
OPPURE
Tè o tisana di bardana dolcificati con eritritolo
+
1 fetta di pane a lievitazione naturale tostata (40 g)
con miele o confettura
OPPURE
1 fetta di ciambella preparata con latte delattosato (HD)
e bicarbonato come agente lievitante
OPPURE
2-3 biscotti secchi senza latte
o preparati con latte vegetale (vedi ricetta a p. 84)

COLAZIONE SALATA

Tè o tisana di bardana
+
1 fetta di pane a lievitazione naturale tostata (40 g)
con una frittatina di 2 albumi e 1 cucchiaino di olio evo
OPPURE
1 fetta di pane a lievitazione naturale tostata (40 g)
con un velo di formaggio spalmabile

SPUNTINO DI METÀ MATTINA

1 frutto a scelta
OPPURE
1 yogurt delattosato

PRANZO

Antipasto di insalata mista
L'uno per l'altro (vedi ricetta a p. 214)

MERENDA (2 ORE DOPO IL PRANZO)

1 frutto a scelta
1 tisana depurativa a base di bardana

CENA

Involtini di zucchine e formaggio
alle erbe mediterranee (vedi ricetta a p. 215)
Insalata di pomodori
1 fetta di pane di segale tostata (40 g)

2 ORE DOPO CENA

2-3 prugne secche
1 tazza di tisana rilassante
Magnesio

Fase di recupero

L'UNO PER L'ALTRO

INGREDIENTI PER I PORZIONE

250 g di pomodori pelati, 1 cucchiaino raso di curry in polvere
90 g di ceci bolliti, 1 spicchio di aglio, 1 foglia di alloro
50 g di mezze maniche, 1 ciuffo di prezzemolo
2 cucchiai di olio extravergine di oliva, sale

Passate i pomodori pelati con il passatutto e versateli in una padella a freddo. ■ Conditeli con il curry in polvere; unite poi i ceci e un pizzico di sale, mescolate bene e lasciate riposare. ■ Nel frattempo, schiacciate lo spicchio di aglio e ponetelo in un pentolino insieme all'alloro con un cucchiaio d'olio e un cucchiaio di acqua, lasciando cuocere a fuoco dolce, coperto, per ottenere un fondo cotto a bassa temperatura. ■ Una volta pronto, unite il fondo alla salsa di pomodoro e ceci e fate andare il tutto a fiamma media per 5-10 minuti. ■ Al termine della cottura, eliminate dalla preparazione l'aglio e l'alloro. ■ Mettete infine in cottura le mezze maniche in abbondante acqua salata. ■ Una volta pronta, scolate la pasta, saltatela nella salsa al pomodoro e ceci fuori dal fuoco e servitela in un piatto ben caldo.

INVOLTINI DI ZUCCHINE E FORMAGGIO ALLE ERBE MEDITERRANEE

INGREDIENTI PER 1 PORZIONE

1 zucchina (150 g circa)
120 g di formaggio spalmabile senza lattosio
erbe miste (basilico, origano, prezzemolo)
½ peperoncino fresco
olio extravergine di oliva, sale

Mondate e lavate la zucchina. ■ Tagliatela a fette di circa 3 mm di spessore (nel senso della lunghezza). ■ Sistemate le fette in una teglia e cospargetele con poco sale da entrambi i lati, lasciandole riposare per 3-5 minuti. ■ Aiutandovi con un pennello da cucina, ungete le fette di zucchina con poco olio extravergine da entrambi i lati. ■ Procedete alla cottura utilizzando una griglia ben calda. ■ Una volta pronte, mettetele da parte e lasciatele raffreddare. ■ Preparate ora la farcitura: ponete in una ciotola il formaggio spalmabile e conditelo con le erbe mediterranee tritate al momento. ■ Mescolate bene per ottenere un composto omogeneo, e lasciatelo riposare in frigorifero per almeno mezz'ora, perché si insaporisca. ■ Spalmate una piccola quantità di composto al formaggio su ciascuna fetta di zucchina, quindi arrotolatela: otterrete dei gustosi involtini.

30° GIORNO

GIORNO VEGANO ■ Reinseriamo il couscous

APPENA SVEGLI

1 bicchiere di acqua con succo di limone

COLAZIONE

1 tazza di latte vegetale di soia, di mandorla, di riso o di nocciola

OPPURE

Tè o tisana di bardana dolcificati con eritritolo

+

1 fetta di pane a lievitazione naturale tostata (40 g)
con un velo di crema tahini o confettura

SPUNTINO DI METÀ MATTINA

1 centrifugato detox con 1 cucchiaio di moringa

OPPURE

1 yogurt vegetale

PRANZO

Antipasto di insalata di rape rosse
Spaghetti aglio, olio e peperoncino (vedi ricetta a p. 218)

MERENDA (DOPO 2 ORE DAL PRANZO)

1 frutto a scelta
1 tisana depurativa a base di bardana

CENA

Insalata di valeriana con salsa di yogurt e senape dolce
Couscous al tofu e verdure di stagione (vedi ricetta a p. 219)

2 ORE DOPO CENA

2-3 prugne secche
1 tazza di tisana rilassante
Magnesio

SPAGHETTI AGLIO, OLIO E PEPERONCINO

INGREDIENTI PER 1 PORZIONE

70 g di spaghetti, 1 spicchio di aglio
1 peperoncino fresco
2 cucchiai di olio extravergine di oliva, sale

Mettete in cottura gli spaghetti in abbondante acqua bollente salata. ■ Nel frattempo, preparate un soffritto delicato ponendo in un pentolino lo spicchio d'aglio tagliato a lamelle, il peperoncino fresco tritato (avendo cura di rimuovere prima placenta e semi interni) e l'olio. ■ Fate andare il tutto, coperto, a fiamma dolcissima; in questo modo otterrete un fondo profumato cotto a bassa temperatura. ■ Scolate gli spaghetti e ripassateli, rigorosamente fuori dal fuoco, nel condimento a base di aglio e peperoncino. ■ Serviteli ben caldi.

COUSCOUS AL TOFU
E VERDURE DI STAGIONE

INGREDIENTI PER I PORZIONE

150 g di verdure di stagione miste
30 g di couscous precotto, 100 ml di acqua
erbe aromatiche, 40 g di tofu a cubetti
3 cucchiaini di olio extravergine di oliva, sale

Tagliate le verdure a cubetti, riuniteli in una ciotola e conditeli a insalata prima con un pizzico di sale, poi con due cucchiaini d'olio. ■ Portate una padellina antiaderente sul fuoco, e non appena sarà calda versatevi le verdure condite, cuocendole prima coperte per 5 minuti e poi saltandole a fiamma viva a padella scoperta. ■ Preparate il couscous: lavoratelo a crudo con un cucchiaino d'olio, mescolando bene per ungerlo in modo uniforme. ■ Versate l'acqua in un pentolino, aggiungetevi un pizzico di sale e delle erbe aromatiche tritate a vostro piacere. ■ Portate l'acqua a bollore e versatevi il couscous, mescolando bene. ■ Lasciate riprendere il bollore e cuocete per un paio di minuti. ■ Spegnete la fiamma, coprite con un coperchio e lasciatelo riposare, finché non avrà assorbito naturalmente tutto il liquido. ■ Sgranatelo quindi delicatamente con un cucchiaio, e aggiungetevi le verdure e il tofu a cubetti. Servite.

Capitolo 7

CONCLUSIONI

Negli ultimi 30 giorni abbiamo compiuto un viaggio alla scoperta di quegli alimenti che possono davvero migliorare la nostra digestione e rappresentare un valido aiuto per alleggerire il fegato e combattere il gonfiore addominale, oltre a farci perdere qualche chilo di troppo.

Adesso che conosciamo quali sono i cibi che meglio tolleriamo, reinseriamo gradualmente in maniera autonoma tutti gli alimenti, compresi carne e pesce (se siamo onnivori). Una dieta varia ed equilibrata è alla base di una vita in salute. Un'alimentazione inadeguata, invece, oltre a incidere sul benessere psicofisico, rappresenta uno dei principali fattori di rischio per l'insorgenza di numerose malattie croniche come il diabete, l'obesità e l'osteoporosi. Secondo l'Organizzazione Mondiale della Sanità, circa un terzo delle malattie cardiovascolari e dei tumori potrebbe essere evitato grazie a un'alimentazione sana ed equilibrata.

LA DIETA MEDITERRANEA

La nostra dieta mediterranea è un ottimo esempio di dieta equilibrata. Fu un famoso medico americano, che si occupava di fisiologia e nutrizione, a dimostrarne l'efficacia. Ancel Keys nel 1951 venne per la prima volta in Italia per partecipare quale presidente alla prima conferenza sullo stato dell'alimentazione nel mondo, indetta dall'Organizzazione delle Nazioni Unite per l'alimentazione e l'agricoltura (FAO, Food and Agriculture Organization) a Roma. Quando il fisiologo si informò sul rapporto fra alimentazione e cardiopatie coronariche, venne a conoscenza dal professor Gino Bergami, direttore dell'Istituto di Fisiologia dell'Università di Napoli, che nella città partenopea le malattie cardiache non costituivano un problema di salute.

Folgorato da questa rivelazione, nel 1952 Keys organizzò un periodo di ricerca a Napoli sui consumi alimentari che fornisse dati comparativi a quelli da lui raccolti negli Stati Uniti, in relazione al rischio di malattie dell'apparato cardiocircolatorio. Si era reso conto, infatti, che il segreto stava nella tipologia di cibo consumato dalla popolazione campana. Per verificare questa ipotesi, vennero condotti diversi studi (il più famoso fu il Seven Countries Study). Il risultato sottolineò che le abitudini alimentari osservate in Italia e in Grecia (soprattutto nelle zone costiere) erano le più salutari fra tutte quelle esaminate (Italia, Jugoslavia, Grecia, Olanda, Finlandia, Stati Uniti e Giappone).

Nel corso degli anni sono stati condotti numerosi altri studi che hanno dimostrato come la dieta mediterranea consenta di promuovere una vita lunga e in salute. Questa importante caratteristica ha fatto sì che nel 2010 la dieta mediterranea venisse inserita dall'Unesco nella lista del Patrimonio Culturale Immateriale dell'Umanità e sia stata valutata come la migliore.

Ma cos'ha di speciale la nostra dieta? È salutare perché comprende tutti i tipi di nutrienti di cui l'organismo ha bisogno per funzionare correttamente, che sono:

~ frutta e verdura, ricche di fibre, vitamine e minerali, essenziali per il corretto funzionamento dei meccanismi fisiologici e di benefiche molecole antiossidanti che svolgono un'azione protettiva sulle cellule. Gli esperti raccomandano il consumo di almeno 5 porzioni di vegetali al giorno, sia crudi sia cotti;

~ cereali – grano, mais, avena, orzo, farro e gli alimenti da loro derivati (pane, pasta, pizza, riso) – che apportano all'organismo carboidrati (la principale fonte energetica dell'organismo), meglio se consumati interi e integrali. Contengono inoltre vitamine del complesso B e minerali, oltre a piccole quantità di proteine;

~ carne, pesce, uova e legumi invece hanno la funzione principale di fornire proteine, che hanno diverse funzioni. Per esempio, partecipano alla "costruzione" delle diverse componenti del corpo, favoriscono le reazioni chimiche che avvengono nell'organismo, trasportano le sostanze nel sangue, aiutano l'assorbimento di alcune vitamine e di alcuni antiossidanti. Fate attenzione alla scelta delle proteine: le carni, in particolare quelle rosse, contengono grassi saturi e colesterolo, pertanto andrebbero consumate con moderazione, come raccomanda il mondo scientifico sono da prediligere le carni bianche (per esempio il pollo, preferibilmente senza pelle). Il pesce ha un effetto protettivo nei confronti delle malattie cardiovascolari (contiene i grassi omega-3), e i legumi, che rappresentano la fonte più ricca di proteine vegetali e sono ricchi di fibre, invece, andrebbero consumati più spesso;

~ dalla dieta non andrebbero esclusi il latte e i suoi derivati (latticini, formaggi, yogurt...), meglio se a basso contenuto di grassi;

~ infine, senza dubbio, la giusta dose di acqua – almeno un litro e mezzo al giorno – da bere a piccoli sorsi durante la giornata. Ricordatevi di bere! Siamo fatti soprattutto di acqua, che svolge un ruolo essenziale nella digestione, nell'assorbimento, nel trasporto e nell'utilizzo da parte del corpo di tutti i nutrienti che assumiamo attraverso l'alimentazione. È, inoltre, il mezzo principale attraverso cui vengono eliminate le sostanze di scarto dei processi biologici.

Andrebbero, invece, consumati con moderazione:

~ grassi da condimento: meglio preferire quelli di origine vegetale come l'olio extravergine di oliva;

~ sale: naturalmente presente in molti alimenti, non ci sarebbe necessità di aggiungerlo all'alimentazione, se non per rendere più gustose le pietanze. Un eccessivo consumo di sale favorisce, infatti, la comparsa di ipertensione arteriosa, di alcune malattie del cuore e dei reni. Abituiamoci a usarne il meno possibile e sostituiamolo con spezie ed erbe aromatiche che, oltre a insaporire i cibi, apportano generose dosi di antiossidanti;

~ zucchero e cibi zuccherati: sono composti da carboidrati con una struttura molto semplice che, proprio in virtù di questa semplicità, vengono impiegati dall'organismo come immediata fonte di energia. I carboidrati sono importanti per il nostro organismo, ma ricordiamoci che gli stessi che sono contenuti nello zucchero e nei cibi zuccherati sono presenti in molti alimenti, come la frutta e la verdura, il pane, la pasta...

QUALI PORZIONI?

La nostra alimentazione deve risultare varia ed equilibrata per essere compatibile con il benessere. Il consumo di un solo alimento o un'alimentazione basata sull'uso di pochi alimenti, infatti, comporta quasi sempre squilibri nutrizionali che portano alla malnutrizione per difetto o per eccesso. Ecco un semplice schema che può esserci utile.

TUTTI I GIORNI

FRUTTA E ORTAGGI Si consigliano 5-6 porzioni al giorno tra frutta e ortaggi, per un totale di 21 porzioni di frutta e 14 di ortaggi alla settimana. Una porzione di frutta dovrebbe avere un peso di circa 150 grammi: ciò corrisponde a un frutto medio-grande (se si tratta di mele, pere, arance, pesche o simili) oppure a due-tre pezzi in caso di mandarini, prugne, albicocche o altri frutti piccoli. In caso di frutti che si mangiano a fette: una fetta di anguria, due di melone, un trancio di ananas ecc. Il peso di una porzione di ortaggi dovrebbe essere di 250 grammi, intesi al netto degli scarti e a crudo. Per quanto riguarda l'insalata, invece, la dose ideale è pari a 50 grammi.

PASTA La porzione di riferimento è di 80 grammi per la pasta secca e di 120 grammi per la pasta all'uovo fresca. Si consiglia una porzione di pasta al giorno fino a un massimo di 8 porzioni a settimana, tra pasta e riso. Per i primi piatti in brodo la dose si riduce alla metà: 40 grammi (pari a 2 cucchiai da minestra) per la pasta secca e 60 grammi per quella all'uovo fresca (pari a 3 cucchiai).

RISO Può essere mangiato al posto della pasta, anche tutti i giorni. A differenza di quest'ultima, è privo di glutine e quindi è un alimento prezioso nel morbo celiaco e nelle allergie alimentari. La porzione di riferimento al giorno è pari a 80 grammi per un primo piatto asciutto, fino a un massimo di 8 porzioni a settimana, tra pasta e riso. Per le minestre va considerata mezza porzione, quindi 40 grammi.

BISCOTTI Particolarmente importante è il loro contenuto di amido e di zuccheri semplici, mentre è molto variabile il contenuto di grassi, che aumenta con le farciture. Trascurabili le vitamine e i minerali. La porzione di riferimento è pari a 20 grammi al giorno.

PANE Il pane è un alimento di prima necessità, in quanto apporta all'organismo la quota di carboidrati (soprattutto amido) necessaria ad assicurare il miglior carburante al nostro organismo per produrre l'energia che serve allo svolgimento di varie funzioni (contrazioni muscolari ecc.). La porzione di riferimento è pari a 50 grammi; viene consigliato di consumarne 2-3 porzioni al giorno, con un massimo di 16 volte alla settimana.

OLIO EXTRAVERGINE DI OLIVA L'olio extravergine di oliva non è solo un condimento, ma è considerato un alimento che, oltre a trigliceridi, acidi grassi essenziali e vitamina E, comprende polifenoli e fitosteroli con azioni protettive per il nostro organismo. La porzione di riferimento è pari a 10 grammi; sono consigliate 2-3 dosi al giorno, fino a 20 volte a settimana.

LATTE E YOGURT La porzione di riferimento per il latte è 125 millilitri, circa un bicchiere. La dose consigliata per lo yogurt è di 125 grammi, pari a un vasetto. Si consiglia ogni giorno di consumare una porzione di yogurt e una di latte.

VINO I recenti studi scientifici hanno evidenziato come i polifenoli e le altre sostanze non nutrienti contenute nel vino (flavonoidi, tannini, stilbeni, catechine e antocianidine) abbiano un alto potere antiossidante. È concesso un bicchiere di vino al giorno durante un pasto.

ZUCCHERO La porzione di riferimento è di 5 grammi, pari a un cucchiaino da caffè, fino a massimo 3 volte al giorno.

MIELE Ha essenzialmente glucosio e fruttosio, acqua e piccolissime quantità di proteine, sali minerali e oligoelementi, vitamine, enzimi, aromi, pollini, sostanze antibatteriche ecc. La porzione di riferimento è come quella dello zucchero (con il quale andrà sostituito per dolcificare), pari a 5 grammi, fino a massimo 3 volte al giorno.

4 VOLTE ALLA SETTIMANA

PESCE La carne del pesce è molto digeribile in quanto le fibre muscolari sono corte e sfaldabili. Contiene proteine di elevato valore biologico e una quantità variabile di acidi grassi essenziali. La famiglia degli acidi grassi omega-3 è ritenuta benefica nella prevenzione delle malattie cardiovascolari. La porzione di riferimento è pari a 150 grammi.

FORMAGGI I formaggi freschi contengono una maggiore percentuale di acqua e quindi hanno una minore quantità di nutrienti rispetto a quelli stagionati. La porzione di riferimento corrisponde a 50 grammi di formaggio stagionato e 100 grammi di formaggio fresco.

3 VOLTE ALLA SETTIMANA

LEGUMI Sono gli alimenti vegetali a più alto contenuto proteico, poiché possiedono circa il 20% di proteine (il doppio dei cereali e una quantità analoga a quella della carne, anche se di valore biologico inferiore). Allo stato secco hanno un notevole contenuto di carboidrati e una discreta presenza di acidi grassi essenziali. Elevato, invece, è il contenuto in fibra. Una porzione di riferimento corrisponde a circa 30 grammi (secchi) o a 100 grammi (freschi). Si consiglia il consumo settimanale al posto della pasta, del riso, dei cereali o delle patate.

2 VOLTE ALLA SETTIMANA

PATATE Hanno pochi grassi (inferiori all'1%) e proteine (2%) che contengono lisina, contrariamente alle proteine dei cereali. Possiedono carboidrati, vitamina B1, niacina e vitamina C, oltre ad acido folico. Ma sicuramente sono una delle fonti più importanti di potassio, fosforo e calcio, che in parte passano nell'acqua di cottura se non ci si attiene alla precauzione di bollire i tuberi interi con la buccia. Una porzione di patate è data da 200 grammi del tubero a crudo e privato della buccia (circa 2 patate medie).

SALUMI I salumi forniscono proteine di ottima qualità, in quanto ricche di aminoacidi essenziali e facilmente digeribili. Sono, inoltre, una buona fonte di vitamine del gruppo B – soprattutto B1, niacina e B12 – e di minerali quali ferro e zinco, nella forma adeguata all'assorbimento da parte dell'organismo. Rappresentano un'alternativa alla carne nei secondi piatti. Tuttavia bisogna fare attenzione al consumo di insaccati che, a causa della loro composizione più ricca di grassi, possono contribuire all'innalzamento dei livelli di colesterolo. La porzione di riferimento per il prosciutto crudo magro e dolce, prosciutto cotto, tacchino o bresaola corrisponde a 50 grammi.

UOVA Le loro proteine sono di alto valore biologico, tanto che per anni la composizione proteica dell'uovo è stata il riferimento per valutare la qualità delle proteine degli altri alimenti. La porzione di riferimento è pari a un uovo. Nell'arco della settimana si consiglia di consumare al massimo 2-3 porzioni di uovo intero, ma si possono raddoppiare il numero degli albumi (4-6), in quanto questi contengono solo proteine, mentre il tuorlo possiede una dose importante di colesterolo animale non adatto a chi ha il colesterolo LDL alto.

CARNE In una adeguata alimentazione, il consumo di carni è importante perché contribuisce all'apporto di proteine di elevata qualità, con aminoacidi essenziali per l'organismo umano. Sono presenti, inoltre, grassi e vitamine del gruppo B, in particolare la B12 (il cui apporto è assicurato per il 50% del fabbisogno solo con il consumo di carni e fegato), la niacina e minerali quali ferro, zinco, rame. Soprattutto sono importanti per il contenuto in ferro eme, la forma chimica assorbita in quantità maggiore rispetto al ferro proveniente dagli alimenti vegetali. Scegliete i tagli più magri e alternate le carni rosse (bovino, suino magro) a quelle bianche (pollame, vitello). La porzione di riferimento è di 100 grammi di carne (a crudo), massimo 2 volte alla settimana.

IL BENESSERE COME STILE DI VITA

Fortunatamente, a differenza di quando iniziai a parlare di salute in televisione, nei lontani anni Ottanta, oggi mi rendo conto che c'è una sensibilità completamente diversa nei confronti dell'importanza che la dieta e i prodotti sani hanno sulla nostra qualità di vita e sulla longevità.

La coscienza del lettore è completamente cambiata, anche perché negli ultimi anni si è compreso che un sano stile di vita non solo è indispensabile per la prevenzione delle malattie, ma fa crescere la consapevolezza del vero senso della vita. Questa maggiore reattività deriva soprattutto dalla riscoperta del significato originale della parola "dieta" che viene dal greco *díaita* e significa "regime, forma di vita", quindi non solo modo di mangiare, ma anche di vivere.

Come ho già detto, il 16 novembre del 2010 l'UNESCO ha riconosciuto la nostra dieta mediterranea come Patrimonio dell'Umanità. La dieta mediterranea è, infatti, uno stile di vita: significa mangiare in maniera sana, ma anche vivere in maniera sana, fare del movimento. Significa vivere in armonia con il nostro corpo e con le persone che ci stanno a fianco. Non dimentichiamo che per noi popoli mediterranei mangiare non significa solo nutrirci, ma anche condividere! È un atto fondamentale nella costruzione dell'identità di una persona, di un gruppo e di un territorio, che rafforza le relazioni interpersonali e il senso di appartenenza alla comunità.

Noi italiani siamo tra i popoli più fortunati al mondo perché abbiamo a disposizione alimenti sanissimi. Purtroppo, a volte, assumiamo abitudini sbagliate così radicate da non rendercene conto. E sono proprio queste cattive consuetudini a creare spesso problemi come cattiva digestione, gonfiore, sovrappeso e obesità. Pensiamo a tutte le persone che vogliono dimagrire ma non ci riescono: è difficile dimagrire con un fegato grasso e infarcito di glicogeno.

Ecco, ho scritto questo libro proprio per offrire gli strumenti da utilizzare ogni giorno quando ci avviciniamo al cibo. Una riflessione per conoscere il nostro corpo, ma anche per capire cosa abbiamo sbagliato per anni.

Un abbraccio affettuoso,

Rosanna Lambertucci

Sito web: www.rosannalambertucci.com
Facebook: https://www.facebook.com/rosannalambertucciofficial/
Twitter: https://twitter.com/lambertuccir
Instagram: @rosanna.lambertucci

INDICE DELLE RICETTE

RINGRAZIAMENTI

Sono profondamente grata ai due "compagni di viaggio" che mi hanno supportata in questo nuovo percorso, il dottor Corrado Pierantoni e lo chef Fabio Campoli che, ancora una volta, hanno messo a disposizione dei miei lettori e del mio pubblico il loro sapere scientifico, la loro creatività e la loro professionalità.

CORRADO PIERANTONI

Laureato in Medicina e Chirurgia, specialista in Endocrinologia e Malattie del Ricambio, nutrizionista clinico e diabetologo. Dall'inizio della sua carriera professionale si occupa della divulgazione della corretta alimentazione non solo per il trattamento dei disturbi alimentari e dell'obesità, ma anche per ottenere, attraverso la giusta nutrizione del paziente, salute e qualità della vita migliori. Accanto ai lavori di studio e di ricerca, una delle sue missioni è quella di comunicare i progressi della scienza con linguaggio divulgativo accessibile a tutti i cittadini. Ha collaborato, in qualità di consulente scientifico, con diverse testate e programmi televisivi, quali "Riza psicosomatica", *Più sani e più belli*, Alice TV. Ha condotto un programma televisivo sull'alimentazione e la medicina per una emittente regionale abruzzese. Si interessa di alimentazione antiage, è responsabile dell'associazione AMIA (Associazione Medicina Italiana Antiage) Abruzzo curando, in modo particolare, il rapporto tra alimentazione e infiammazione/invecchiamento e tumori. È responsabile del servizio nutrizionale presso il Centro Benessere La Réserve e le terme di Caramanico Terme (PE), per le quali dirige un progetto che prevede il potenziamento dei benefici delle acque termali sulfuree coniugate con una adeguata alimentazione.

FABIO CAMPOLI

Con oltre trent'anni di esperienza attraverso poliedriche attività incentrate sulla cultura, la ricerca e la progettazione gastronomica, e ben venti anni ininterrotti nelle più note reti televisive, ha coniato un modo di fare cucina "semplicemente differente", sospinto sempre da inesauribile curiosità e sete di conoscenza. Fondatore dell'azienda Azioni, nonché proprietario del marchio di qualità Il Circolo dei Buongustai e direttore della testata giornalistica "ProDiGus" (Promotori di Gusto), Fabio Campoli è oggi affermato consulente per aziende ed esercizi ristorativi italiani ed esteri, ideatore e organizzatore di grandi eventi, nonché editore, autore e conduttore di programmi televisivi e radiofonici, consulente per l'industria cinematografica e food designer, pluripremiato in ambito culinario e comunicativo. Con il suo portfolio di esperienze variegate, Fabio Campoli dimostra di essere molto più di uno chef, grazie all'ampiezza e alla ricchezza del suo percorso di cultura nel mondo dei media, del project management, dell'editoria, che rendono oggi la sua firma sinonimo di classe, qualità e di una creatività mirata e consapevole, divenuta ormai nota e riconoscibile al suo grande pubblico e non solo. Le sue stesse passioni lo hanno guidato a diventare autore di otto pubblicazioni e docente per istituti pubblici e privati, così come le sue doti artistiche lo hanno portato a viaggiare tra i più celebri set cinematografici per rievocare banchetti storici e scenari gastronomici (da *Mission: Impossible 3* a *Mangia Prega Ama* e *To Rome with Love* di Woody Allen, per citarne solo alcuni). La sua filosofia a tavola, nel lavoro e nella vita si riassume nell'attenzione verso le "buone cose", in una logica in cui l'essenziale è visibile agli occhi di chi vive la cucina non come fine ma come mezzo per trasmettere emozioni e tramandare storia e cultura.

Un profondo ringraziamento anche a Sara Albano per la collaborazione prestata

Mondadori Libri S.p.A.

Questo volume è stato stampato
presso ELCOGRAF S.p.A.
Stabilimento - Cles (TN)

Stampato in Italia - Printed in Italy